青年的思想愈被榜样的力量所激励，就愈会发出强烈的光辉。

主　编：

李建臣：清华大学双学位，武汉大学博士，编审，中国作家协会会员，中国科普作家协会会员，中宣部文化体制改革办公室副主任

副主编：

刘永兵：海军大校，编审，《海军杂志》原主编，海潮出版社原社长

审　定：

葛能全：中国工程院原党组成员、秘书长兼机关党委书记，曾任钱三强院士专职秘书多年

编委会成员：

董山峰：《光明日报》高级记者，《博览群书》杂志社社长，清华大学校外导师

李　颖：教育博士，清华大学社会科学学院副研究员

丁旭东：副教授，艺术学博士后，中国音乐学院中国乐派高精尖创新研究中心特聘研究员，中国人生美育研究会副主任委员，中国文艺评论家协会会员

高　伟：中国文艺评论家协会会员，清华大学博士

刘逸帆：北京师范大学中国社会管理研究院副院长，《社会治理》杂志副社长兼副总编

孙佳山：知名文艺评论家，中国文艺评论家协会会员，中国艺术研究院副研究员

董美鲜：远方出版社文化教育编辑部主任，副编审

刘　瑞：北京市西城区优秀教师，北京市西城区先进教育工作者，海淀外国语实验学校教师数学备课组长

给孩子读的"中国榜样"故事

中国航天事业的开创者

钱学森

李建臣 主编

http://www.hustp.com
中国·武汉

图书在版编目（CIP）数据

中国航天事业的开创者——钱学森/李建臣主编. — 武汉：华中科技大学出版社，2020.10（2022.3重印）

（给孩子读的"中国榜样"故事）

ISBN 978-7-5680-6652-5

Ⅰ.①中… Ⅱ.①李… Ⅲ.①钱学森(1911—2009)-传记-青少年读物 Ⅳ.①K826.16-49

中国版本图书馆 CIP 数据核字（2020）第 183361 号

中国航天事业的开创者——钱学森　　　　　　　　　李建臣　主编
Zhongguo Hangtianshiye de Kaichuangzhe——QianXuesen

策划编辑：	亢博剑
责任编辑：	沈剑锋
封面设计：	胡椒书衣
责任校对：	曾　婷
责任监印：	朱　玢
出版发行：	华中科技大学出版社(中国·武汉)　　电话：(027) 81321913
	武汉市东湖新技术开发区华工科技园　　邮编：430223
印　　刷：	天津中印联印务有限公司
开　　本：	880mm × 1230mm　1 / 32
印　　张：	7.5
字　　数：	181 千字
版　　次：	2020 年 10 月第 1 版第 1 次印刷　2022 年 3 月第 1 版第 4 次印刷
定　　价：	35.00 元

本书若有印装质量问题，请向出版社营销中心调换
全国免费服务热线：400-6679-118　竭诚为您服务
版权所有　侵权必究

推荐序

对未来的期许，应以榜样作引领

长江后浪推前浪，新时代发展将势不可当的"后浪"——青少年——的教育及其世界观、人生观、价值观培塑推到了社会大众的面前。所有对未来幸福生活的憧憬，都应该以自强不息的奋斗为底色。青少年要从小树立远大理想，培养高尚情操，发展兴趣爱好，学会独立思考，发奋刻苦读书，掌握过硬的本领，从而改变自己的命运，为实现中华民族伟大复兴的中国梦贡献智慧和力量。

习近平总书记指出："青年的价值取向决定了未来整个社会的价值取向，而青年又处在价值观形成和确立的时期，抓好这一时期的价值观养成十分重要。"[①] 然而在今天，一些人更看重的是学习成绩、名校、名师、金钱、地位等。古往今来的许多事实告诉我们，一个人的学习成绩再优异、家境再优越，如果三观不正，便有可能误入歧途。一个人的尊荣，不在于他的地位、财富与颜值，而在于他对世界的贡献、对人类的责任以及对社会的担当。所有对未来的期许，都应该以榜样作引领。在榜样力量的引领下，青少年的心智将更加成熟，行为将更加理性，成长的脚步也将更加稳健。

2020年，在新冠肺炎疫情暴发的危难时刻，全国医护和科技人员逆行而上，奔赴一线抗疫。他们舍生忘死地拯救病患，有的科学家不惜冒着生命危险，以身试药，他们用"奉献指数"换回了人民的"安全指数"。这是一场没有硝烟的战役，却是生与死的较量。这是一场没有先例的疫情防控，他们用辛劳与专业换得山河无恙、人民安康。奉献不问西东，担当不负使命，在最紧要的关头，在最危险的地方，榜样的力量更加震撼人心。广大青少年应该从他们身上看到、学到中华民族抗击灾难时不屈不挠、守望相助的精神。

[①] 习近平：青年要自觉践行社会主义核心价值观——在北京大学师生座谈会上的讲话. 新华网. http://www.xinhuanet.com//politics/2014-05/05/c_1110528066_2.htm

祖国是人民最坚实的依靠，英雄是民族最闪亮的记号。这套由多位专家学者编撰的"给孩子读的'中国榜样'故事"丛书，介绍了钱学森、竺可桢、钱伟长、华罗庚、钱三强、苏步青、李四光、童第周、陈景润、邓稼先等科学先驱的事迹。这些科学家学习成绩优异，大多有海外留学经历，其卓越成就获得了国际学术界的广泛认可。以他们当时的实力，足以在国外过上衣食无忧的生活，然而，他们每一个人都深知，科学无国界，科学家有祖国。钱学森说："我的事业在中国，我的成就在中国，我的归宿在中国。"李四光说："我是炎黄子孙，理所当然地要把所学到的知识，全部奉献给我亲爱的祖国。"邓稼先说："假如生命终结后可以再生，那么，我仍选择中国，选择核事业。"他们不惜牺牲个人利益，远跨重洋回到生活与科研均"一穷二白"的祖国，以毕生的热血为建设新中国做出了巨大的贡献。

　　八十多年前，鲁迅先生在《中国人失掉自信力了吗》一文中发声："我们从古以来，就有埋头苦干的人，有拼命硬干的人，有为民请命的人，有舍身求法的人……"历史的风雨、生活的磨难，阻挡不了这些人前行的脚步。正是这些人扛起了中华民族伟大复兴的重任，他们无愧为"中国的脊梁"。有人不禁要问，今天的青少年长大后，还能不能前仆后继地埋头苦干、拼命硬干、为民请命、舍身求法呢？今天的青少年可能要问，这些科学家这样"自讨苦吃"是为了什么？我想，这个问题用诗人艾青的一句诗来作答最适合不过："为什么我的眼里常含泪水？因为我对这土地爱得深沉……"

要回答今天的青少年还能不能前仆后继的问题，我想起了梁启超先生一百多年前的期许——"少年智则国智，少年强则国强"。毋庸置疑，今天，中国的青少年正在走向中华民族伟大复兴的未来，他们的脊梁是否挺拔，他们的智慧是否卓越，他们的信念是否坚定，都关乎国家、民族的未来。

榜样是一种动力，榜样是一面旗帜，榜样是一座灯塔，可以为当代青少年引领方向，指导他们奋勇前行。这套"给孩子读的'中国榜样'故事"丛书的出版初衷，就是希望青少年以老一辈科学家为榜样，学习他们胸怀祖国、服务人民的爱国精神，勇攀高峰、敢为人先的创新精神，追求真理、严谨治学的求实精神，淡泊名利、潜心研究的奉献精神，集智攻关、团结协作的协同精神，甘为人梯、奖掖后学的育人精神，将这些可贵的品质内化吸收为个人的精神财富与进取动力，做有理想、有本领、有担当的新时代青年。

祝亲爱的青少年读者朋友们皆能志存高远，前途无量，放飞人生梦想。

中国传记文学学会会长　王丽博士

编者序

实干以兴邦,榜样代代传

实干以兴邦,榜样代代传——正是在这种力量的感召下,无数先贤志士前仆后继,"为天地立心,为生民立命,为往圣继绝学,为万世开太平",以中华之崛起为己任而一往无前,使中国五千年的文明得到延续,中华民族屹立于世界强国之林。习近平总书记曾经指出:"一切为中华民族掌握自己命运、开创国家发展新路的人们,都是民族英雄,都是国家荣光。中国人民将永远铭记他们建立的不朽功勋。"这些英雄榜样是中华民族的脊梁,正是他们艰苦卓绝的奋斗,让中华民族从百余年前的羸弱中站了起来。

改革开放40多年来,在各种思想文化相互碰撞和价值取向多元化的情况下,青少年的思想观念、道德标准、价值取向、行为方式等都呈现出新的特点,既有积极的一面,也有消极的一面。对于青少年来说,他们正处于长身体、长知识和世界观形成的重要时期,兴趣广泛、模仿性强、可塑性大,各方面都还不成熟。复杂的社会生活环境中存在着许多不利于他们健康成长的因素,导致他们在思想上产生了种种困惑。如何对他们进行正确的教育引导,成为当今社会普遍关心的一个问题。

党的十八大以来,以习近平同志为核心的党中央高度重视青少年的思想政治教育。习近平总书记在许多场合对加强青少年思想政治教育发表了一系列重要讲话,内容涵盖立德树人、社会主义核心价值观的培育和践行、以文化人、以文育人、教育合力构建、加强党的领导等诸多方面。这些重要论述充分体现了以习近平同志为核心的党中央对青少年成长成才的亲切关怀和殷切期待,立意高远,思想深邃,形成了内涵丰富的思想政治教育理论体系,为提升青少年思想政治教育科学化水平指明了方向,提供了依据。

在对青少年的教育中,榜样的力量是无穷的。榜样是一桅风帆,帮助我们乘风破浪,驶向成功的彼岸;榜样是一盏明灯,驱走我们心中的黑暗,照亮未来之路;榜样是一面镜子,促使我们审视自身的不足,凝聚奋发向上的力量；榜样是一个指南针，引领我们找到正确的方向，从此不再迷茫。"历史烛照时代，榜样传承精神"，伟大的时代呼唤伟大的精神，崇高的事业需要榜样的引领。

为了帮助青少年向榜样看齐，向使命聚焦，汲取榜样"内在的力量"，感受其家国情怀以及进取奉献的优秀品质和崇高精神，我们编写了"给孩子读的'中国榜样'故事"丛书，选取了10位富有时代特色的榜样人物，他们是：中国航天事业的开创者钱学森、把一生献给了核事业的邓稼先、与原子共传奇的钱三强、中国近代力学的奠基人钱伟长、中国地质力学的创始人李四光、中国"问天第一人"竺可桢、为数学而生的大师华罗庚、站在数学之巅的奇人陈景润、中国克隆先驱童第周、东方第一几何学家苏步青。

这些榜样人物为我国的社会主义建设和国防安全，在各自的领域不畏艰难、开拓创新，做出了卓越的贡献，其伟大事迹彪炳人间。他们不忘初心、淡泊名利、甘为人梯、谦逊朴实、不计个人得失的崇高品质，体现了他们对祖国和人民的无限忠诚，以及对理想信念的执着追求，对青少年具有很强的感召力和教育作用。我们相信，本丛书不仅能够成为青少年喜爱的课外读物，也会是学校、家庭和有关部门对青少年进行人生观、价值观和思想品德教育的好帮手。

在编写的过程中，我们采访了10位科学家生前的同事与部分后人，查阅了大量与他们相关的书籍、访谈录、手札和本人的著作等，从中撷取了一些鲜为人知的故事，将一个个平凡而伟大的生活画面，以精彩曲折、质朴平实的文字呈现出来，使他们的高尚品德与人格魅力跃然纸上，让青少年读者产生心灵的震撼，在感同身受中对老一辈科学家可歌可敬、感人肺腑、催人泪下的动人事迹产生深切的敬意。相信他们会乐于以这些伟大的科学家为榜样，努力学习，刻苦钻研，立志掌握更多的科学文化知识，为国家的强盛、人民的幸福奉献自己的青春和热血。

目 录
Contents

第一章　钱家出了个小学神　　　　　　1

 1. 名门望族的渊源　　　　　2

 2. 父亲的谆谆教诲　　　　　4

 3. 母亲的言传身教　　　　　9

 4. 纸飞镖的秘密　　　　　12

 5. 影响至深的中学生活　　15

 6. 为什么而学习　　　　　20

第二章　从铁路救国到航天救国　　　　23

 1. 人生初选择　　　　　　24

 2. 祸福相依　　　　　　　27

 3. 科学与艺术结缘　　　　31

4. 两个 100 分的故事	34
5. 再一次抉择	37
6. 幸遇伯乐	41

第三章　异国求索之路　　45

1. 离国赴美求学	46
2. 麻省理工的翘楚	49
3. 结缘冯·卡门	52
4. 质疑权威的科学精神	56

第四章　在美国冉冉升起的中国新星　　61

1. "这样的天才是不多见的"	62
2. 迈入火箭研制新领域	65

3. 供职五角大楼　　　　　　　　　69

　　4. 赴德考察　　　　　　　　　　　71

　　5. 麻省理工的终身教授　　　　　　74

第五章　比翼双飞相辉映　　　　　　　　79

　　1. 同唱一曲《燕双飞》　　　　　　80

　　2. 艺坛女高音　　　　　　　　　　83

　　3. 科学家的别样求婚　　　　　　　85

　　4. 琴瑟和鸣的婚姻　　　　　　　　87

第六章　艰难曲折的归国路　　　　　　　91

　　1. 积极准备回国　　　　　　　　　92

　　2. 怀疑的乌云　　　　　　　　　　96

3. 金布尔的阻挠	99
4. 难逃无妄之灾	102
5. 漫漫等待何时休	105
6.《工程控制论》的诞生	111
7. 巧寄求助信	113
8. 永别了，美国	119

第七章　航天事业的奠基人　　123

1. 回归祖国怀抱	124
2. 投身航天事业的序曲	127
3. 创办力学研究所	132
4. 信任与重托	135
5. 毛泽东的座上宾	139
6. 万丈高楼平地起	142

7. 赴苏联谈判　　　　　　　　145
8. 光荣入党　　　　　　　　　148

第八章　"两弹"结合传佳音　　　　151

1. 疾风知劲草　　　　　　　　152
2. "改正为副"　　　　　　　　156
3. 千磨万击还坚劲　　　　　　158
4. 为原子弹配"枪"　　　　　　162

第九章　逆境之中铸利剑　　　　　169

1. 前进路上遇逆流　　　　　　170
2. "东方红一号"上天　　　　　173
3. 逆境中负重前行　　　　　　177

第十章　永垂不朽的科学丰碑　183

1. 甘居二线　184
2. "当一名科学家足矣"　187
3. "我的荣誉属于人民"　190
4. 科学开发"不毛之地"　195
5. 力荐创新型人才　199
6. 姓钱却不爱钱　203
7. 活到老，学到老　205
8. 著名的"钱学森之问"　210

附录　钱学森大事年表　214
后记　219

第一章　钱家出了个小学神

　　我要学大鹏鸟，到太空去遨游，决不当小麻雀。

1. 名门望族的渊源

　　一颗微小的种子，只有深深地扎根于大地，不断吸收沃土的营养，接受阳光雨露的滋润，接受暴风骤雨的重重考验，才能长成巍然屹立的大树。

　　要了解"中国航天之父"钱学森的成长轨迹，还要从他成长的家庭环境和家族传承的"钱氏家训"说起。而说到著名的"钱氏家训"，便不得不提钱氏家族的先祖——五代十国时期吴越国国君钱镠。

　　钱镠是杭州临安人，生于唐朝末年，自幼习武，24岁起跟随唐末义胜军节度使董昌保卫乡里，抵抗黄巢起义军。因作战有功，他被朝廷任命为镇海、镇东军节度使。904年，钱镠被封为吴王；923年，被封为吴越国王，正式建立吴越国，定都杭州。

　　当时，杭州的钱塘潮经常威胁百姓的生命和农业生产，在总结历代筑堤失败的经验教训后，910年8月，钱镠亲自组织大量兵民，以竹笼、石头、巨木为材料，在钱塘江沿岸采用"石囤木桩法"修筑了百余里的护岸海塘，终于解决了潮患，使江边农田不再受潮水的侵蚀，也保障了当地民众的生命和财产安全。由于石塘还有蓄水的作用，江边的农田也得到了灌溉。

之后，钱镠又在钱塘江沿岸兴建了龙山、浙江二闸，防止海水倒灌，减轻了潮患，扩大了陆地面积，并凿平江中的石滩，使航道得以畅通，促进当地与沿海各地的水上交通。此外，他还在太湖地区设"撩水军"四部，专门负责浚湖、筑堤、疏浚河浦，使苏州、嘉兴、长洲等地得享灌溉之利。钱镠在位41年，实施了一系列有利于社会发展的政策，促进杭州一带的经济发展。杭州地区丰饶繁荣，渔盐桑蚕之利甲于江南；文士荟萃，人才济济。

钱镠不仅治国有方，而且修身治家也十分谨严，曾两次修订治家的"钱氏家训"。"钱氏家训"以儒家"修身、齐家、治国、平天下"的道德理想为据，内容涵盖个人、家庭、社会和国家四个方面，对子孙立身处世、持家治业的思想行为做了全面规范。这些家训是钱镠的人生经验总结，也成为钱家世代相传的为人处世之道。一个家族的辉煌荣耀往往离不开其优良的家风，钱氏后人正是因为秉承祖训，传承良好的家风，才造就了吴越钱氏人才辈出的传奇。

论及史上有名的钱姓人杰，宋代有钱昆、钱易；明代有翰林院修撰钱福、礼部尚书兼东阁大学士钱士开；明末清初有诗人钱谦益；清代康熙年间有探花钱名世，乾隆年间有与顾炎武齐名的"一代儒宗"钱大昕。此外，著名学者钱曾、知名书法家钱坫等也都出自吴越钱氏家族。时光流逝，到了近代，钱家更是人才荟萃，文坛硕儒、科技巨擘云集，海内外院士数以百计，分布于世界50多个国家和地区。吴越钱氏家族由此被公认为"千年名门望族，两浙第一世家"。

钱学森是钱镠的第三十三世孙，也是辛亥革命的同龄人，1911年12月11日，在武昌起义爆发后不久，钱学森出生于上海租界的一所教会医院。按照钱家"继承家学，永守箴规"八字论辈取名，钱学森属"学"字辈，名字则沿用"木"字旁，其同辈堂兄弟的名字都用"木"字旁。其父钱均夫开始想用双木——"林"字，后来索性再加一木——"森"，更加葱葱茏茏，充分体现繁茂之意，而且"学森"的谐音是"学深"，期望儿子将来能学问深远。

2. 父亲的谆谆教诲

钱学森成年后经常说，父亲是他的第一位老师。的确，在钱学森的一生中，父亲钱均夫对他影响至深。

钱均夫本名钱家治，字均夫，后来以字行世。他出身于一个没落的丝绸商人之家，自幼受到良好的家庭教育，早年就读于杭州求是书院（现浙江大学的前身），1902年与鲁迅、许寿裳等人同船赴日本留学，进入弘文学院学习。1904年考入日本东京高等师范学校，学习教育、地理和历史，并在那里接受了孙中山的民主革命思想，1908年毕业。1910年回国后，他在上海成立"劝学堂"，传播民主革命思想，在他的影响下，不少热血青年投身民主革命。1911年和1913年，钱均夫两次出任浙江省立第一中学（现杭州第四中学）校长。

1914年，钱均夫到北洋政府教育部任视学之职，不满3岁的钱学森也随父母来到北京，在北京度过了童年和青少年时期。正直、务实、忠厚、爱国的钱均夫把全部精力都投入教育事业中，希望借此改变中国贫穷落后的面貌。他爱好广泛、博学多才、文笔超逸、谦恭自守，有深厚的国学功底，著有《外国地志》《逻辑学》《地学通论》《西洋历史》等。他的性格和学识帮助他营造了温馨和睦的家庭氛围，为钱学森的健康成长提供了良好的环境。在钱学森的启蒙教育里，父亲为他开启了智慧之窗，培养了他勤奋、认真、负责的良好品德。

钱学森虽然是家中的独子，但钱均夫对他管教异常严格，要求他每天按时起床、按时睡觉、按时复习功课；出门上学必须衣着整洁，书包整理得井井有条；回家以后，鞋袜、衣帽、书包必须放在规定的地方，不能乱摆乱放。钱学森后来在科学事业上养成一丝不苟、严谨细致的作风，正是源于这些日常习惯的影响。

尽管工作繁忙，但钱均夫从未放松对钱学森的教育。他深知，教育孩子，除了帮其学、立其志外，还要努力开发孩子的心智，使其得到全面发展。

5岁时，钱学森对《水浒传》产生了兴趣，他常听人说《水浒传》里的一百〇八个梁山好汉原来是天上的一百〇八个星宿下凡到人间，于是就问父亲："是不是人世间所有干大事的人，都是天上的星宿下凡?"

钱均夫听了十分惊讶，笑道："当然不是，世间成大事者，皆是你我这样的平凡人!"钱学森听后歪着小脑袋又是摇头又是点头。年幼的他当然不可能预料到，数十年后他便以平凡之身造就了科技的伟大，使中国立于强国之林。2009年春，在北京大学的百年纪念讲堂上，"世界因你而美丽——2008年影响世界华人盛典"主办方全票通过，把分量最重的奖项——"终身成就奖"颁发给钱学森，颁奖词是："钱学森，平凡造就真正的伟大。"

作为教育家，钱均夫深深地懂得，教育是一门综合学科，一个人必须德智体美劳全面发展，而不只是学习单一的书本知识。因此，他十分注重对儿子的兴趣及艺术方面的培养。钱学森一放暑假，钱均夫就让他独自去野外捉蝴蝶，回家再查资料并制成标本，或是找人带他到郊外去学习识别矿藏。几乎每年春秋季节,钱均夫都要带钱学森到周边的田野或风景优美的西山去郊游,让他从小懂得农民耕种的辛苦,珍惜每一粒粮食;同时领略祖国河山的壮美,培养他的爱国情怀。

钱学森对香山怀有特殊的感情。香山独特的地形地貌、清澈的泉水、苍劲的古松、绚丽的山花、晚霞般的红叶,以及众多的寺庙,都令他流连忘返。钱均夫的理念是,"生活时时处处是教育",因此,他常常以天地为课堂,以万物为教材,对儿子进行引导。有时,父子俩登上香山最高处,看天边云卷云舒,讨论雨雪雷电怎样形成;有时,他们躺在树林里,聆听小鸟的低语,观察万木争春、欣欣向荣的景象。

有一次,父子二人来到香山,微风夹着泥土的芬芳吹拂着他们,小鸟在树间鸣唱,他们躺在茂密的草地上,看着白云在天空中缓缓移动,一切显得那么平静、那么美好。这时,一只在高空盘旋的苍鹰突然闯入他们的视野。钱学森注视着那只自由飞翔的苍鹰,直到它消失在天际,他揉了揉眼睛对父亲说,他也想变成一只雄鹰,翱翔蓝天。

钱均夫听了,告诉钱学森庄周渴望遨游太空,写过一篇寓言叫《逍遥游》,讲的是北海之中有一条鱼,名叫鲲。它巨大无比,背长几千里。有一天,它变成一只大鸟,名叫鹏。鹏也特别大,鼓动翅膀拍击水面,激起三千里波涛,巨大的两翼就像垂在天边的云彩,遮天蔽日。它扶摇直上九万里高空,"绝云天,负青天",凭借六月的大风,从北海飞到南海。这是多么大的气魄啊!其实,庄周描绘的鹏,正是他自身的幻化。他有远大的抱负,想遨游太空,因此,他想变作一只大鹏,飞上九万里高空俯瞰地球,观察人世。

钱学森从父亲讲的这个寓言故事中受到启发,并对庄周奇特的想象心生敬意。

钱均夫接着说:"从这个寓言中,我们可以看到庄周对那些目光短浅、胸无大志、安于享乐的人进行了批判。他们正是寓言中讲到的蝉和小麻雀,它们讪笑大鹏展翅高飞的愚蠢,诘问何必要飞那么高、那么远呢?它们为自己每天在灌木丛和蓬蒿间飞上飞下,既没有危险,又不愁吃喝而自鸣得意。"

"燕雀安知鸿鹄之志,"钱学森说,"我要做一只遨游太空的大鹏,绝不做安于一隅的小麻雀。"

钱均夫见钱学森稚嫩的脸上带着几分坚定,心里暗自高兴,他抚摸着儿子的小脑袋,动情地说:"不要辜负我对你的期望,改变国家积贫积弱的现状就靠你们这一代了。"

父亲潜移默化的教育,使钱学森从小就对天空产生了无穷无尽的向往,对他后来从事科学研究也产生了深远的影响。正如苏联作家奥斯特洛夫斯基所说:"一个人的追求越高,他的智商发展得越快,对国家和民族的贡献越大。"

3. 母亲的言传身教

钱学森的母亲章兰娟出身于杭州富商之家,性格开朗、心地善良,而且多才多艺。她受过正统的古文教育,这在当时的女性中较为罕见。她的父母为她延请了家庭教师,专门教授琴棋书画和诗书典籍。她的父亲很欣赏钱均夫的才华,将自己的爱女许配给钱均夫,并资助他东渡日本求学。

章兰娟钟爱中国古代诗词,在她的影响下,钱学森从小就开始背诵唐诗宋词。在客人面前表演背古诗,是他的拿手绝活。小孩子未必懂唐诗宋词的深远意境,大多只能死记硬背,但这些中华文化的瑰宝却在日后潜移默化地影响他,使他的情操得到陶冶,心灵得到升华。

章兰娟的计算能力和记忆能力也很出众,具有数学天赋。她经常和钱学森做心算游戏,使钱学森在快乐的游戏中逐渐培养起对数学的兴趣。所以,有人说,钱学森记忆力超群,多遗传于母亲。

在左邻右舍看来,刚从杭州搬来的这家人那个3岁的儿子是个"神童"。他老坐在胡同尽头的凳子上,摇头晃脑地背唐诗宋词,熟练地运算加减乘除。一个满脸稚气的小娃娃,天天坐在树下的小凳子上背诵古诗词的模样,成了宣武门那个四合院外的一道风景。

在教育儿子时,章兰娟非常注意方式,常常动之以情,晓之以理,而且让孩子从小就置身于优秀传统文化的浓厚氛围中。她经常给钱学森讲古代名人的故事,如诸葛亮"鞠躬尽瘁,死而后已",为蜀汉立下汗马功劳;李白辞亲远游;杜甫忧国忧民;范仲淹"先天下之忧而忧,后天下之乐而乐";岳飞精忠报国,等等。这些古代名人的高风亮节,浸润了钱学森幼小的心灵,使钱学森对他们产生了无限崇敬之情,同时也激发了他强烈的爱国主义情感和民族自豪感。

除了教给儿子文化知识外,章兰娟还很重视身教。中国母亲在儿女的成长道路上总是发挥着灯塔的作用。母亲的言谈举止一一刻印在钱学森的心头,引导鞭策着他成长。甚至在章兰娟作古半个多世纪之后,钱学森的儿子还说:"父亲秉承了奶奶和爷爷的身教传统,他从来不言教,只身教。"

当时钱家居住的四合院附近有许多缺衣少食的贫困人家,到了隆冬时节,他们饥寒交迫,生活艰难。幼小的钱学森经常看到,自家那扇黑漆的大门常常被求借的邻居敲开,母亲总是温和、热情地接待这些穷邻居,家中有的尽管借去,借去的钱粮,若是确实无力偿还,母亲便绝不再提起。

钱学森清楚地记得,有一年冬天的一个晚上,天寒地冻,滴水成冰,北风卷着鹅毛大雪呼啸而来。章兰娟在屋里绣花,他在灯下读书。突然,他和母亲听到门外比寒风还凄厉的悲号:"大慈大悲的老爷、太太,可怜可怜我这受苦受罪的人吧!行行好,赏口饭吃吧!"母亲听见后马上放下手里的活计,拿出家中最大的瓷碗盛满饭菜,向大门口走去。

  这样的情景,钱学森不止看见一次。还有一次是在一夜暴雪之后的清晨,女佣早起去扫门前的积雪,一开门就看见一个冻僵的乞丐蜷缩在门前,她慌忙跑回屋子喊夫人。章兰娟赶紧出去,和女佣一起把尚有一丝气息的乞丐扶进屋里,并嘱咐女佣熬姜汤喂他喝下,待冻僵的乞丐醒来,又为其准备了早餐。

  母亲的善举,一一烙印在儿子幼小的心灵上。多年后,钱学森在回忆母亲时说:"我的母亲是个感情丰富、淳朴善良的女性,她经常用自己的模范行为引导孩子行善事。母亲每次带我走在北京的大街上,总是向乞讨的人解囊相助,对家中的用人也是仁厚相待。母亲的慈爱之心给了我深远的、连绵不断的影响。"

  后来,钱学森在美国求学和工作时,曾铺纸挥毫,饱蘸心血,描绘了一幅幅母亲的肖像——她慈祥、俊秀,一双慧目在注视着自己。他把母亲的画像挂在案头,以便时时仰望母亲的笑貌,不忘母亲的叮咛,以此鞭策自己。

4. 纸飞镖的秘密

　　身为教育家，钱均夫希望孩子打开眼界，接受西式教育，而不是关在深宅大院里读"四书五经"，作八股文。因此，1917年9月，不满6岁的钱学森就被送进京师女子师范学堂附属小学。

　　京师女子师范学堂附属小学是今北京第二实验小学的前身，成立于1909年，曾几易其名，如京师女子师范学堂附属两等小学堂、国立北平女子高等师范学校附属小学校等。学校也几易其址，现在的北京第二实验小学分为新文化街、王府、官园、德胜四个校区。

　　当时，钱学森在班上年龄最小、个头最矮，却是班上公认的优秀学生，他入学后很快就显露出超人的禀赋和非凡的天资。

　　和同龄孩子一样，钱学森活泼好动，爱学习，也爱做各种游戏。课余时间，他和同学们玩得最多的就是掷飞镖。

　　飞镖是用硬一些的废纸折成，头部尖尖的，有一对向后掠的翅膀，飞起来有点像燕子。飞镖人人都会做，但并非人人都做得好。有的刚掷出去就扎到地下，有的不向前飞，而是绕圈子向后飞。同学们比试掷飞镖，每次都是钱学森的飞镖飞得最远、投得最准，他的飞镖像一支利箭直插目标。

"这是怎么回事呀?"一些大个子学生不服气,反复与钱学森比试,结果无一例外地都失败了。他们嚷着说钱学森的飞镖"有鬼",于是把钱学森的飞镖捡来拆开,直到平平展展地变成一张纸。尽管里边什么"鬼"也找不到,但是,他们依然咬定钱学森的飞镖有"鬼"。这件事被自然课老师知道了。老师走过来,把钱学森的飞镖复原,又让钱学森掷了一次,飞镖果然飞得又远又稳。老师笑着把学生们召集到身旁,拿着钱学森的飞镖说:"你们都看到了,飞镖本身没有什么'鬼',但是,这里面的确有'秘密',现在就让钱学森同学给大家讲讲他的飞镖飞得又远又稳的秘密吧!"

面对众人的目光,钱学森腼腆得红了脸。他用很低的声音说:"我的飞镖没有什么秘密,我也是经过许多次失败,一点一点改过来的。我的飞镖用的纸比较光滑,飞镖的头不能太重,重了就会往下扎;也不能太轻,头轻了,尾巴就重,就会先往上飞,然后掉下来。翅膀太小,就飞不平稳;太大了,就飞不远,爱兜圈子。"

钱学森的话不仅折服了小伙伴,更让自然课老师吃惊,他高兴地对学生们说:"钱学森同学说得太好了,小小飞镖里面藏着大科学。钱学森同学经过动脑子琢磨,从失败中摸索出飞镖的折叠方法,主要是两条,第一条是要保持平衡,第二条是减少阻力,并且巧妙借助风力和浮力,这样飞镖才能飞得又远又稳。大家说对不对呀?"

"对!"学生们齐声回答。

经过仔细观察,同学们发现钱学森折叠的飞镖有棱有角,特别匀称,所以投出去后空气阻力很小,而且钱学森投掷时还善于利用风向风力。就这样,钱学森投飞镖又远又准的"秘密"终于被揭开了。

1921年,10岁的钱学森转入北京高等师范学校附属小学(今北京第一实验小学)学习。因为女子师范学堂附属小学一到四年级是男女合校,从五年级开始要男女分校,女生留在该校,男生转到别的学校。

北京高等师范学校附小成立于1912年,当时的校址在琉璃厂厂甸。1919年,教学主楼(红楼)落成,同时还新建了仪器馆、儿童图书馆。到钱学森入读时,该校已经成为当时全国小学改革的先导,是一所具有研究和实验性质的小学,不仅吸纳了最新的教学理念,在教学实践中加以实验,还聘请了高素质、高水平的老师任教。

钱学森在这里度过了2年的小学时光。值得一提的是,当时学校里活跃着一位女老师,才16岁,教低年级语文、算术,做级任教师,即班主任。她是该校第一任女教师,此前学校只聘用男教师。1920年12月该校主任郑际唐一改旧的传统观念,首次聘用女教师,所以这位女教师在校园里格外引人注目。不过,这位女教师没有教过钱学森,直到1964年12月,钱学森在全国人大的一次宴会上与她同坐一桌时,才知道她原来是周恩来总理的夫人邓颖超。

5. 影响至深的中学生活

1923 年，12 岁的钱学森以北京市第一名的成绩考进北京师范大学附属中学。这是当时北京城里最好的一所中学。

当时，孙中山先生领导的资产阶级民主革命惨遭挫折，局势进一步恶化，到处都是戎装荷弹的士兵，坦克和大炮随处可见，街头巷尾成了肉搏的战场，几乎没有人敢在街道上行走，随时可能飞来的子弹让家家关门闭户。

这样的环境，哪里还有孩子们读书的净土？幸运的是，钱学森遇到了一批好老师，他们不忍看到孩子们在最需要知识和教育的时候不能读书，于是尽心竭力在战火纷飞的年代为孩子们营造了一个"世外桃源"。这里没有嘈杂的叫喊声，没有血腥的暴力冲突，听不到吓人的枪炮声，只有琅琅的读书声和老师亲切的讲课声……钱学森在这里如饥似渴地吸吮着知识的琼浆。

钱学森曾亲笔写过一份珍贵的材料，回忆对自己一生有过深刻影响的人，总共有 17 位。

父亲：钱家治（钱均夫）——写文言文

母亲：章兰娟——爱花草

小学老师：于士俭——广泛求知、写字

中学老师：

董鲁安（于力）——国文、思想革命

俞君适——生物学

高希舜——绘画、美术、音乐

李士博——矿物学（十级硬度）

王鹤清——化学（原子价）

傅钟荪——几何（数学理论）

林砺儒——伦理学（社会发展）

大学老师：

钟兆琳——电机工程（理论与实际）

陈石英——热力学（理论与实际）

预备留美：王助——经验设计

留美：冯·卡门——钱学森的导师

归国后：毛泽东、周恩来、聂荣臻

其中，中学老师有7位，足见北京师范大学附属中学在钱学森心目中的分量，以及钱学森对中学老师的深厚感情。

钱学森入学时，校长是著名教育家林砺儒，在他的领导下，北师大附中的教与学弥漫着民主、开拓、创新的良好风气。学校率先实行中学"三新"学制（即3年初中，3年高中），自编教材，自定新的课程标准，文理分科。此外，学校还组织各种课外小组，开设多门选修课，如几何、无机化学、有机化学、工业化学，以及中国的诗词歌赋、音乐、伦理学等,到高中二年级又开设了第二外语。因此,这里培养出来的学生不仅知识面广,求知欲强,把学习当成一种享受,而且师生关系也很融洽。

林砺儒与钱学森的父亲是日本留学时的校友。据说还有这么一个故事:当时林砺儒并不是钱学森的任课老师,钱均夫特地找到他,请他辅导自己的儿子。林砺儒没有马上答应下来,只是出了几道题,要考考钱学森。钱学森做题时,两个大人在一旁闲谈,不久发现钱学森去外面玩了,答案则放在桌上。林砺儒拿起一看,非常满意,欣然收下他,教授他伦理学。

林砺儒力主教育改革,反对灌输式的死记硬背。钱学森回忆说:"我从1923年到1929年在北京师范大学附属中学念书。在那样一个艰难困苦的年代,办学着实不是一件容易的事情。但是,当时的校长林砺儒先生能把北京师范大学附属中学办成质量上乘的第一流学校,实在了不起。"

在林砺儒的带领下,学校有极好的校风和学风。学生从不读死书、死背书,也完全不害怕考试,临考前也不需要紧张备考。钱学森回忆说:"大家重在理解不在记忆。不论什么时候考、怎么考,都能得到七八十分。不死抠课本,提倡多看课外书。附中选修课很多,学生的知识面很广。"那是一段让钱学森难以忘怀的青春岁月,每天中午吃了饭,同学们在教室里讨论各种感兴趣的科学知识，数学、化学、物理……他们不光学得尽兴，玩得也很痛快。

除了校长林砺儒以外，钱学森还记住了许多优秀的老师。比如生物老师俞君适，经常带领学生们到野外采集标本，教他们解剖青蛙和蚯蚓。有一次，他给了钱学森一条蛇，笑着说："将它制成标本不挺好吗？这事第一要胆量，第二要制作技术。"钱学森后来回忆说，那是他第一次制作标本，锻炼了实践能力，让他终生难忘。

又如几何老师傅钟荪，用古汉语自编讲义，他对学生说："公式公理，定义定理，是根据科学、根据逻辑推导出来的，在课堂如此，到外面如此，中国如此，全世界如此，即使到火星上也如此！"这让钱学森第一次知道了什么是严谨的科学。

还有矿物学老师李士博，自编了朗朗上口的"矿物硬度歌诀"——滑、膏、方、萤、磷、长、石英、黄玉、刚、金刚，分别是滑石、石膏、方解石、萤石、磷灰石、长石、石英、黄玉、刚玉、金刚石等矿物，使学生轻松记住了矿物的十类硬度。钱学森直到晚年仍然能流利背诵。

其中，最让钱学森难忘的是语文老师董鲁安。董鲁安老师上课从来不讲死板的知识，而是经常在课堂上"借题发挥"，将学生的目光引向社会，引向时局。比如，孙中山逝世引起的震动、北伐军的战况、李大钊被杀害、"三八"执政府门前的流血事件，等等。每当讲到这些，他总是慷慨陈词,情绪激昂。正是他的教导,钱学森才对社会、政治有了正确的认识,萌发了忧国忧民的爱国情愫。

有一次,董鲁安老师上课走了题,同学们在下面悄悄议论:"又神聊了!"董鲁安老师笑了笑,回到了课文正题。过了些天,他讲课又走了题,想起同学们的话,就问道:"我是不是又神聊了?"同学们哄堂大笑。

钱学森还记得,董鲁安老师给他们详细地转述了鲁迅的话。寒假期间,校友会有幸邀请到鲁迅来校演讲,后来鲁迅的讲话稿整理发表在北师大附中编印的《校友会刊》上,题目为"未有天才之前"。这是一篇很著名的演讲,鲁迅尤其强调了培植天才的问题,提出了教师"要做泥土"的高尚思想。向学生介绍演讲情况时,董鲁安老师引述了鲁迅的话:"譬如想有乔木,想看好花,一定要有好土;没有土,便没有花木了;所以土实在较花木还重要。"接着鲁迅的原话,董老师幽默地说:"我就算一撮泥土吧!"

对于自己在北师大附中所受到的教育,钱学森一生都念念不忘。1955年10月29日,他从美国返回北京的第二天,就来到这所阔别20多年的母校看望老师。他曾多次对人说:"在我一生的道路上有两个高峰期,一个是在师大附中的6年,一个是在美国读研究生的时候。6年师大附中的学习生活对我的教育很深,对我的一生、对我的知识和人生观起了很大作用。"

6. 为什么而学习

由于天资聪颖，加上学习用功，钱学森在北师大附中学习期间，成绩总是名列前茅，同学们都戏称他为"电灯泡"，意思是光亮耀眼。当时，他和方贤齐、黄崇智三人在学业上并驾齐驱，被众同学称为"三杰"。

初中三年级时，有一天，同学们聚在一起聊天，有个同学沾沾自喜地说："你们知道吗？20世纪有两位伟人，一位是列宁，另外一位是爱因斯坦。"大家一听面面相觑，十分茫然，因为他们从来没有听说过这两个人，于是就问那个同学从哪里知道这些事情。那个同学解释说，他是从学校图书馆的书上看到的，书上说爱因斯坦是一位伟大的科学家，而列宁则是一位英雄的革命家。

这次闲谈使钱学森对科学伟人爱因斯坦产生了浓厚的兴趣。高中一年级时，他在学校图书馆找到一本关于"相对论"的小册子，激动得马上借来阅读。后来他回忆说："那时虽然没有读懂，却激起了我对科学的浓厚兴趣。"为了满足自己强烈的求知欲望，钱学森开始频频光顾学校的图书馆。

虽然当时中学生必读的课程很多，但钱学森还选学了大代数、解析几何、微积分、物理学、无机化学、有机化学、英语、德语、伦理学等课程。这些课程比当今设置的中学课程要广泛、高深,比如物理学的课本是当时美国大学一年级的教材。到高中毕业时,钱学森掌握的理科知识已相当于现在大学二年级的水平。

在知识的海洋里,钱学森如同一个兴致勃勃的潜水运动员,那么努力,那么好奇。随着学习的深入和阅读量的增加,他对科学的热爱已远远超出同龄人的想象,那一个个现象、一个个理论如同磁石一般强烈地吸引着他,他渴望掌握它们,熟练地运用它们,又想寻找一条新道路,去开发未知领域的知识宝藏。

在学校的图书馆里,钱学森不仅阅读科学方面的书籍,也接触到一些左派刊物,并阅读了《资本论》《社会主义论》等论著。他小小的心灵被书中的理论深深打动了,每次看完一篇文章,他都会问自己:我为什么而学习?难道仅仅是为了让自己的知识更渊博吗?但是知识渊博又有什么用?假如不能为祖国效力,仅仅学识渊博,又有什么用?

他想起以前父亲说过的话:"唯有科学,方能使祖国强大……"那时他并不懂其中的含义,但从父亲坚定执着的眼神中他看到了父亲的期望。他一度认为自己那么努力学习是为了父亲。随着年岁渐长、知识的增加,以及对祖国历史的了解,他对世界的认知也有了变化。他意识到祖国正在痛苦的黑暗中挣扎,他应该尽力帮助祖国和国民摆脱黑暗。后来发生的一次意外事件,使钱学森彻底明白了自己学习的意义。

在一次暴力事件中,一位平日里各方面都非常优秀的同学被流弹伤及致死,引起北师大附中全体师生的强烈抗议,但抗议毫无用处,因为在兵荒马乱的战争年代,人员伤亡司空见惯,当局根本没有当回事。

钱学森为这位同学的死痛惜难过,也为这位同学白白丧命却未能唤起人们的觉醒而气愤、失望。这时,校长林砺儒给了钱学森精神上的抚慰。林砺儒给激愤的学生们讲什么是爱国主义、爱国主义的内涵是什么,讲中国的贫穷,讲中国科技的落后……林校长的话在钱学森心里像一块石头激起了千层浪,他又想起父亲对自己的教诲,开始正视未来的祖国,正视未来的人生。

此后,钱学森学习更加刻苦,在学校的教室、操场和路边,经常能看到他神情专注地捧着书本,旁若无人地阅读。他一改往日的顽皮,变得深沉而寡言,他暗暗对自己说,要掌握更多的知识,要学习先进的科学技术,要用最先进的知识报效祖国。

第二章　从铁路救国到航天救国

> 我们学习并不只为了有饭吃，我们学习的目的，就是为了建设祖国，振兴中华。为什么我们有这样的想法？因为我们……热爱祖国！……有了这个学习的动力，就什么困难也不怕，真是死都不怕。

1. 人生初选择

人的一生是由大大小小的选择连接而成，而高考填报志愿无疑是人生的一次重大选择。1929年夏，18岁的钱学森开始面临上大学的问题。

从小学到中学，钱学森基本上是在父亲的安排下，走一条循规蹈矩的道路。现在站在人生的十字路口，下一步该怎么走？上什么大学？选择什么专业？这些问题成了钱学森要思考决定的当务之急。

当时，钱学森每门功课都学得很好，所以，各学科的任课老师都劝他报考自己教的学科。比如，教国文的董鲁安老师劝他报考文学系；数学老师傅钟荪则认定这个聪慧的学生"在数学方面最有发展"，叮嘱他报考数学系。母亲章兰娟则一直希望儿子能继承父业，将来从事教育工作，做个教育家。不过,父亲钱均夫却希望他学习工程学,因为在他看来只有实业才能救国,贫弱的国家太缺乏工程师了。

凭借优异的成绩,加上广泛的兴趣爱好,钱学森报考当时全国最顶尖、最知名的清华大学和北京大学应该不成问题,据说在高三的一次班级旅行中,他还特意去参观了这两所大学。然而,经过一番思量,钱学森决定报考上海交通大学机械工程系,学习火车制造专业。这个自主的选择源于他心中的一段记忆和一个偶像。

初中时,一个偶然的机会,钱学森听到两个来自农村的同学的对话——

"你第一次看到火车是什么时候?"

"前不久来北京读书时。你呢?"

"我也是。"

"你第一次看见火车,觉得它像个啥?"

"说不上来它像啥,我长这么大从来没见过这样的大家伙。你说它像啥?"

"我也说不上来。反正第一次看见那东西,就觉得眼晕。火车开动起来的时候坐上去就像飞一样,两边的树木、房屋都斜躺着往后跑,可神奇啦!"

本是两个同学的闲谈,却在钱学森心里留下很深的印记。钱学森暗自感慨道:祖国的工业太落后了,交通太落后了,火车在外国已经普及几十年了,可在国内却还有很多人没见过火车,这样国家怎么能富强起来呢?这件事使面临人生抉择的钱学森毅然做出了选择——攻读火车制造专业,将来造火车,发展祖国的交通事业。

世界上第一条铁路于1825年在英国建成通车,陆地交通从此迈进铁路时代。此后几十年间,欧美各大强国将修筑铁路视为增进国力的重要手段,大力发展铁路事业,铁路网遍布全国。而清帝国还浑然不觉外部世界的变化和发展。1865年,英国商人杜兰德在北京宣武门外搭建了一条长约600米的示范性铁路,面对铁路上冒着烟"呼哧呼哧"开过来的火车头,许多中国人的反应居然是"诧所未闻,骇为妖物"。

在外部列强凌辱的背景下,中国的落后激发了无数中华儿女的强国情怀,他们发愤学习,决心用毕生所学报效祖国,改变祖国的落后面貌,詹天佑便是其中之一。

詹天佑是广东南海人,11岁时作为中国第一批官费留学生到美国留学,1878年考入美国耶鲁大学土木工程系,主修铁路工程,毕业时成绩名列前茅。回国后,意气风发的詹天佑以满腔的爱国热情,投入中国的铁路事业中。1905年,清廷任命詹天佑为京张铁路总工程师。京张铁路是中国首条自行设计的铁路。当时,即使国外的工程师也对修建这条北京至张家口的铁路感到困难重重。但詹天佑明知山有虎，偏向虎山行，仔细观察分析山势地形后，他以惊人的毅力投入京张铁路的修建工作中。1909年，京张铁路三段工程全部完工。詹天佑在修建京张铁路的过程中，创造性地采用"竖井开凿法"和"人"字形线路，震惊中外。令人痛惜的是，詹天佑因疲劳过度，心力交瘁，旧疾复发，于1919年4月24日在汉口病逝。

钱学森十分崇拜詹天佑，决心向榜样看齐。1929年，立志报效国家的钱学森，以优异成绩考入上海交通大学机械工程系，如愿以偿地开始了火车制造专业的学习。这一崇高的理想，成为他在大学里努力学习的不竭动力。在日后的求学生涯中，报效祖国的远大志向也一直激励着他，使他在遇到困难挫折的时候坚持到底。

2. 祸福相依

上海交通大学创建于19世纪末，其前身是中国历史上著名的南洋公学。学校本着"求实学，务实业"的宗旨，精勤进取，笃行不倦，有"东方MIT（麻省理工学院）"的美称。著名教育家马寅初、蔡元培、吴有训等都曾在此任教。

钱学森入学之初，由于学校对分数的要求极其严格，那种学习氛围令他很不适应。钱学森回忆说:"当时交通大学的求知空气并不很浓,却十分重视考分,学期终了,平均成绩计算到小数点以后两位数字,我对此很不习惯,但也不甘落后,各门功课平均成绩90分以上,获得了免交学费的鼓励。"

然而,就在他顺利读完大学一年级的时候,却意外感染了伤寒。当时,钱学森突然腹泻、头痛,高烧达40摄氏度,皮肤上出现玫瑰疹。他的身体一向健壮,不大生病,但这次疾病却来势汹汹。伤寒在那时是很严重的传染病,西医治疗一般是用青霉素,但青霉素直到1944年才引入中国,所以钱学森患伤寒时只能求助于中医药。

此时,他的父亲钱均夫任浙江省教育厅督学,全家搬回了杭州。身处上海的钱学森被接回他幼时在杭州的家——方谷园二号。

钱均夫请了一位中医为儿子看病。这位中医诊疗后给钱学森开了一个偏方——豆腐乳加稀饭,一日三餐。连吃了三个月后,钱学森的伤寒自然痊愈,但是身体很虚弱。

钱学森后来回忆说:"我在上海读书时患了伤寒,请一位中医看,命是保住了,但是却留下病根。那位中医没有办法去根,就介绍我去找铁路上的一个气功师调理,结果除了病根。练气功在屋里也可以进行,很适合我,所以我在美国时也没有中断。"钱学森对中医和气功的浓厚兴趣,正是源于这场伤寒。晚年他仍坚持每天练气功。

尽管病好了,却耽误了不少时间,钱学森不得不休学一年,在杭州养病。养病期间,他学习了自幼便钟情的国画,还开始涉猎艺术史,其中对他影响最大的是一本匈牙利人写的艺术史,作者是一位社会学家。这部艺术史著作运用唯物史观统摄全书,从未接触过艺术论著的钱学森,根本没想过艺术史还可以用科学的观点来组织分析,由此产生了浓厚的兴趣,开始广泛阅读这方面的书籍,比如鲁迅翻译的俄国普列汉诺夫的《艺术论》、苏联布哈林的《辩证法底唯物论》。无意的阅读,使他在同时代青年中更早接触马列主义,为他后来成为自觉的马克思主义者奠定了基础。

中学时钱学森就知道了列宁,但受限于当时的条件,他没有机会阅读列宁的著作。自从俄国十月社会主义革命成功后,马克思、列宁的著作越来越多地传入中国,拥戴列宁、信仰马列、向往社会主义,成为进步知识分子中的一种潮流。钱学森后来在自述中写道:"我接着读了普列汉诺夫的《艺术论》、布哈林的唯物论等书,感到这真有道理。我也想了解一下反面的论点,所以又去看了一些西洋哲学史之类的书,也看了胡适的《中国哲学史大纲》(上册)。看来看去,终于感到只有唯物史观和辩证唯物主义才真有道理,唯心论等没道理。经济学也是马克思有道理,而资产阶级经济学那一套利息论等,不能自圆其说,不能令人接受。"在这一年中,钱学森不仅阅读了许多马克思主义的著作,而且在与表弟李元庆的交往中,接触了左翼文艺运动的进步思想。

李元庆比钱学森小3岁,是我国著名的音乐学家和大提琴演奏家。他的母亲钱家礼与钱学森的父亲钱均夫是嫡堂兄妹。李元庆于1930年考入杭州国立艺术专科学校(又称西湖艺专)学习钢琴、大提琴。对于音乐的共同爱好,使两个年轻人很快从亲戚变为朋友。这时李元庆在上海从事音乐工作,关心左翼文艺运动。他向钱学森介绍了许多左翼文艺运动的情况,向其灌输进步思想,不仅进一步增强了钱学森对音乐和文学艺术的兴趣,而且从思想上对钱学森起到启蒙的效果。

钱学森在文章中这样形容这位表弟:"他不仅擅长音乐,而且有广泛的艺术兴趣和很高的政治热忱。他积极拥护上海的左翼文艺运动,敬重鲁迅先生,对国内的政治时局也十分关注。"

这段时间,钱学森的思想也有了质的飞跃,对此他曾感慨道:"这一年是我思想上有转变的一年。我在这一年里,第一次接触到科学社会主义思想,在我脑子里树立了对共产主义的信念。"

3. 科学与艺术结缘

在杭州养病期间，钱学森心情放松舒畅，在绘画与音乐方面取得了长足进步。

那段时间，钱学森在父母的陪伴下，经常去风光旖旎的西湖湖畔散步。苏东坡用"淡妆浓抹总相宜"来形容西湖之美，确实非常形象。自古以来，婀娜多姿的西湖见证了多少文人骚客的雅事和英雄壮士的豪情。但是，最吸引钱学森的是西湖的永恒生机。堤岸、垂柳、草地拱围着一湖清波，宛如一轴美丽的画卷，鸟雀披着五彩的花衣，或立于枝头，或跃于枝间，优美婉转的叫声，或如情人窃窃私语，或如歌者唱和，给西湖带来无限生机。

在西湖畔，钱学森再一次感受到了人与自然的融合。大自然的鬼斧神工，造就了一个超凡脱俗的西湖，雕刻了一座钟灵毓秀的杭州城。

散步途中，父亲常给他讲述杭州湾的来历、雷峰塔的建立和倒塌，领他拜谒岳飞墓等。可是，钱学森却想将这一颦一蹙中魅力尽显的西湖悉数记录下来，他从小对画画的热情，在美丽的西湖畔再一次萌发。

父母知道儿子的心思后，为钱学森请来国画老师高希舜教他画国画。钱学森很快掌握了山水国画的技巧。他对父母说:"在观察景物运笔作画时,那景物都融汇在我的心里。到落笔时,什么事情全都被忘掉了,心里干净极了。"

钱学森不仅喜欢绘画,还有高超的鉴赏水平。据说多年后,有个朋友听说钱学森喜欢画,打算买几幅画送给他。送画之前,他和钱学森一起去参观画展,钱学森一边驻足品画,一边对画作发表评论。那位朋友见钱学森对画作的评论很有见地,艺术修养非同一般,便打消了送画给钱学森的念头,以免贻笑于大方之家。

除了作画,钱学森在休学的一年中还以音乐为友。他尤其喜欢吹圆号,每天都要花半个小时练习圆号。说起吹圆号,其中还有一段缘由。当时,按照国民党政府的规定,大学每周都要进行一次"训词"教育,又称纪念周。所谓"训词",就是1924年6月16日孙中山在广州黄埔军校开学典礼上对全校师生的训词:"三民主义,吾党所宗,以建民国,以进大同,咨尔多士,为民前锋,夙夜匪懈,主义是从,矢勤矢勇,必信必忠,一心一德,贯彻始终。"后来,国民党把孙中山的这一训词作为国民党党歌的歌词,定名为《三民主义歌》。1930年又把这首歌作为中华民国的国歌。每次训词教育,先是唱《三民主义歌》,然后进行政治教育。

那时，上海交通大学刚成立了一支铜管乐队，每次唱《三民主义歌》由乐队伴奏。唱完之后，乐队离场，然后校领导开始对学生进行训词教育。钱学森本来就爱好音乐，参加乐队又可以躲避训词教育，为成其两全，他找到乐队负责人，请求参加乐队，就这样他成为校铜管乐队的一名圆号手。

据上海交通大学的档案记载，1933年的军乐队成员名单、学生会管弦乐队成员名单、雅歌诗社成员名单、口琴会名单中，都有钱学森的名字。钱学森因为学习成绩优秀获得一等奖学金后，第一时间赶到南京路去买苏联作曲家格拉祖诺夫的《音乐会圆舞曲》唱片，由此可见他对音乐的痴迷。1935年，24岁的钱学森在《浙江青年》第四期上发表了文章《音乐与音乐的内容》。一个理工科的学生能够对音乐发表独特而深刻的见解，表明了他对音乐的喜爱和修养。

据钱均夫好友厉麟似的家人称，1935年，钱学森赴南京报考留美预备生，住在厉家。有一天，厉麟似的夫人在家中弹奏钢琴。一曲罢了，被琴声吸引的钱学森谦恭地问道："您弹的是贝多芬的《致爱丽丝》吧？"他饶有兴致地与女主人聊起音乐，从《致爱丽丝》乐句的处理、和声的色彩到他个人对不同严肃音乐的偏好和见解，再到音乐家们的轶事，娓娓道来，看得出他对音乐是发自内心的热爱，并有不俗的品位。女主人不胜惊讶地看着眼前这个儒雅青年，因为钱学森在谈论时不经意提到的许多音乐家的故事，连钢琴专业出身的她都不甚明了。她当时的第一感觉是，钱学森的谈话很有深度、见地，对音乐也很有领悟力。

后来，钱学森与女高音歌唱家蒋英结为百年之好，对于音乐的共同爱好使他们成为知己。钱学森经常说："这些艺术上的修养，加深了我对艺术作品中那些诗情画意和人生哲理的深刻理解，也让我学会了艺术上大跨度的宏观形象思维。艺术上的修养对我后来的科学工作尤为重要，它开拓了科学创新思维。""一个有科学创新能力的人，不但要有科学知识，还要有文化艺术修养，没有这些是不行的⋯⋯"

在钱学森这里，科学与艺术并行不悖，甚至起到相互促进、相得益彰的良好效果。这一点，有相当程度的借鉴启发意义。

4. 两个 100 分的故事

经过一年的休养，1931 年暑期结束后，康复了的钱学森又回到上海交通大学。当时的上海交通大学很注重学生考试和考试分数，平均成绩精确到小数点后两位数。刚开始钱学森很不习惯，但他一向不甘落后，要求自己各门功课的总平均成绩必须在90分以上。

在上海交通大学档案馆里，保存着一份1932年机械工程学院的成绩单。其中，注册号（即学号）为469号、总分在全班22名同学中位居第一的便是钱学森。他的各门功课成绩为：热力工程89分、机械试验90分、电机工程96分、电机试验94分、工程材料92.7分、机械计划97分、机械计划原理90分、金工实习86分、工程经济84.2分，总平均成绩为90.44分。位居第二名的学生的总平均成绩为83.97分。

在学校，钱学森每天必去图书馆做两件事情，一是读报，二是看书。他经常一整天安静地坐在图书馆里面学习。他读书的范围很广，发动机原理、蒸汽机车、飞机、飞艇、航空理论、飞机机翼空气动力学理论、火箭技术等方面的书，无所不读，这为他日后的研究工作打下了坚实的基础。

经过不懈的学习，钱学森在专业知识的储备方面有了质的飞跃。他惜时如金，熟读强记，甚至可以一字不漏地把一本《分析化学》背下来。辛勤的付出换来丰厚的回报，他几乎每年都获得学习优异生的荣誉称号，备受师生们的赞扬。学校里至今还流传着关于他的"两个100分"的故事。

第一个 100 分，是 1933 年的一次水力学考试。在这次水力学考试中，金悫教授改卷时给钱学森打了满分。试卷发下来后，钱学森又仔细检查了一遍试卷，结果发现有一处并不起眼的小错误——他在推导公式的最后一步将"Ns"写成了"N"。于是，他马上举手向老师指出自己试卷上的错误，主动要求老师扣分。金悫教授一看，果然是自己在判卷过程中忽略了这个小纰漏，于是扣掉 4 分，重新判给钱学森 96 分。金悫教授十分欣赏钱学森主动要求扣分的诚实举动，将这份试卷珍藏起来，保存了数十年，即使在战乱期间也没有丢失。1980 年，钱学森回母校时，金悫教授拿出这份泛黄的试卷，向昔日的学生钱学森回忆起这段珍贵的往事。1996 年，在上海交通大学建校百年庆典上，这份试卷作为历史档案公开展示，让学生们学习钱学森的诚实谨慎。

第二个 100 分，是一份实验报告。钱学森上实验课一向认真仔细，有一次，工程热力学教授陈石英带领他们做热工实验，钱学森写了长达 100 多页的实验报告，详细记录自己在实验中观察到的各种现象和细节，其中还有不少创见。陈石英教授看后赞赏不已，准备给他打 100 分。但转念又一想，若是打了满分，钱学森会不会自满膨胀呢？为了警示钱学森，陈石英教授扣掉了 1 分。拿到分数后，见只有 99 分，钱学森摸不着头脑，直到陈教授说明原委，钱学森感激老师的爱护，更加认真学习。

以上的试卷和实验报告，至今仍保存在上海交通大学的档案馆中。

在上海交通大学1934年的1410卷档案中，还有一份"过去五年成绩最优秀毕业生名单"，其中，机械工程学院1934届四年级学生成绩最优者为：铁道专业的钱学森、魏天听；工业专业的丁履德、陆履坦。

1934年6月，上海交通大学校长黎照寰先生在发给钱学森的奖状上写道："兹有机械工程学院四年级学生钱学森于本学年内潜心研攻，学有专长，本校长深为嘉许，特给此状以示奖励。"

钱学森回忆自己在上海交通大学所受到的教育时说："我要感谢那时的老师们，他们教学严、要求高，使我确实学到了许多终身受用不浅的知识。"

5. 再一次抉择

1934年，钱学森以优异的成绩从上海交通大学毕业。他本可以轻松成为一名铁路工程师，实现自己投身中国铁路建设的理想。然而，他再次做出一个出人意料的选择——把专业志向从关注地上跑的火车，转移到天上飞的飞机。

　　当年他毅然选择火车制造专业,想以所学改善中国的交通,为什么毕业后会发生如此巨大的转变呢?这是因为上海的天空中出现了机翼上涂着红色"膏药"的轰炸机。从空中飞落而下的"弹雨",大大震惊了钱学森,使他无法袖手旁观。

　　钱学森刚进入上海交通大学的时候,时局相对平静,随着1931年"九一八"事变的爆发,东北三省沦陷,贪婪的日本侵略者又把目光投向了繁华的上海。

　　1932年1月28日午夜,上海闸北区的天通庵车站和上海北站突然响起了密集的枪声。日本海军在沪舰队司令官以"保护日侨"为借口,调集了1800余名海军陆战队将士,4000余名武装日侨、数十辆装甲车,向驻守在闸北区的中国军队发起突然袭击,驻守上海的国民革命军第十九路军奋起抵抗。这就是震惊中外的"一·二八"淞沪抗战。

　　面对中国军队的英勇抗击,日本侵略军不断增兵。2月7日,日本陆军在上海吴淞口登陆,日本海军、陆军、空军联合作战。日本空军掌握了制空权,轰炸机在空中盘旋,肆意对上海狂轰滥炸,造成大量建筑毁坏和平民伤亡。看着空中张狂跋扈的日军飞机,钱学森的心在滴血,无数中国平民与将士的鲜血告诉他,中国必须拥有强大的空军,必须拥有强大的航空工业才能抵御外侮。

1933年年初，政府组织了中华航空救国会，希望集合全国民众力量，辅助政府，努力发展航空事业。在这种情况下，1933年下半年，上海交通大学正式开设航空工程课程，供学生选修。钱学森选修了这门课程，而且成绩在14名选修学生中位列第一。

国难当头，钱学森受到很大震动。这段时间，一些介绍马克思列宁主义的早期著作在广大师生当中辗转传阅，钱学森也加入了校内的中国共产党的外围组织，时常参加这个组织的小型讨论会，其召集人是数学系教授乔魁贤。他们除了阅读马列主义哲学著作外，还读了美国哲学家詹姆斯的实用主义哲学，以及英国哲学家罗素的许多著作。后来，乔魁贤因为从事宣传共产主义的活动被学校开除，这个组织的活动也就被迫停止了。

自从到上海交通大学读书以来，钱学森接触的知识面越来越广，眼界大开。火车的发展固然重要，但与当前世界科技发展的趋势相比，火车已经落伍于时代，蒸汽动力要让位于电力。钱学森获悉，在美国科技高速发展的过程中，飞机、汽车和无线电技术这三大发明起着非常重要的作用。因此，他决心到美国去，学习当时最先进的科学技术。

当时清华大学设有去美国的公费留学项目，1934年8

月，钱学森乘坐火车前往南京，参加了一年一度的清华大学留美公费生考试，报的是航空机架专业。

1981年4月，钱学森在一次座谈会上回忆起这段历史，这样说：

一个青年人，学习总有个目的。我是在国民党统治的旧中国上学的。那时我自己和我的许多同学都有一个信念：国民党的反动统治早晚是要结束的，祖国的命运终归是要掌握在人民手里的。我们学习，就是为了建设未来的祖国。那时，学生中不仅直接参加革命的人有这个想法，其他学生也有这个想法。我是上海交大的学生，上海交大是旧铁道部办的。别的大学，毕业生都是自己找职业，而上海交大的毕业生都由铁道部分配工作，所以都是有饭吃的。但是我们学习并不只为了有饭吃，我们学习的目的，就是为了建设祖国，振兴中华。

为什么我们有这样的想法？因为我们爱国，不，可以说我们热爱祖国！这样强烈的爱国主义思想又是怎样产生的呢？那时中国是一个半封建半殖民地国家，受尽了帝国主义的欺侮和压迫。每个中国青年都强烈地感觉到"三座大山"压在自己身上，唯一的出路是推翻"三座大山"。我们这些在上海读书的青年，都看见黄浦江畔外滩公园的门上，挂着一块"华人与狗，不得入内"的牌子，把我们中国人和狗排在一起！想到这些，我们热血沸腾，下决心学习救国的本领。有了这个学习的动力，就什么困难也不怕，真是死都不怕！

6. 幸遇伯乐

　　钱学森能够考上留美公费生，可以说是"涉险过关"。这一年清华大学留美公费生只有20个名额，竞争十分激烈。钱学森向来学习成绩优秀，但在留美公费生考试中却遭遇了"滑铁卢"。不知为何，向来擅长数学的钱学森在这次考试中，数学竟然不及格。其他学科的成绩也不大理想，唯有航空工程这门课程考了87分。

　　按照留美公费生的录取标准，钱学森恐怕要名落孙山了。如果真是这样，中国可能就没有"两弹一星"的功勋科学家钱学森了。

　　幸运的是，钱学森遇到一位伯乐，他就是负责这次招考工作的著名物理学家叶企孙。叶企孙曾在美国芝加哥大学和哈佛大学物理系学习，回国后任清华大学理学院院长兼物理系主任。他不仅是一位优秀的物理学家，还是一位出色的教育家，培养出一大批著名科学家，在"两弹一星"的23位功臣中就有10位是他的学生，而他也因此被誉为"培养大师的大师"。

叶企孙长期主管清华大学庚款留学基金,对于每年选派留美公费生有决定权。他本人当年也是作为清华大学庚款留学生前往美国留学的,对此有切身的体会,所以他对选派留美公费生有自己独特的眼光。

"九一八"事变之后,日本军机在中国大地上空耀武扬威,叶企孙意识到中国必须培养自己的航空工业人才,以发展航空工业和空军。1933年清华大学招收的留美公费生中有3个名额是学飞机制造专业,其中1名是赴美学习航空机架。1934年,叶企孙在遴选航空机架专业的留美公费生时,注意到钱学森虽然其他科目的成绩平平,但是航空工程却得了高分,他看出钱学森有志于航空工程,于是破格录取了钱学森。正是由于叶企孙慧眼识英才,才有了后来的空气动力学家钱学森。

按照清华大学的规定,在考取出国留学的资格后,考生要先在国内进修一年,为出国学习做好准备。在叶企孙的亲自安排下,王助、钱昌祚、王士倬三位教授组成导师组,对钱学森进行学业指导。而这三位导师都是当时中国航空界的名家。

王助是美国麻省理工学院的航空工程硕士,设计了中国第一架飞机,他教导钱学森重视工程技术实践和制造工艺问题。在钱学森所列举的那份对他影响深刻的17人名单中,王助赫然在列。王士倬和王助一样,毕业于美国麻省理工学院,获得了航空工程硕士学位。回国后,他主持设计建造了中国第一座风洞实验室,成为中国航空事业的先驱之一。王士倬教授说,虽然飞机是美国莱特兄弟在1903年发明的,但是中国人很早就有了飞天的梦想。他讲述的"万户飞天"的故事,给钱学森留下了深刻的印象。

钱昌祚也是麻省理工学院的航空工程硕士,回国后曾任民国政府中央航空学校教育长、航空机械学校校长等职。他建议钱学森先到杭州、南京、南昌的机场或飞机修理厂实习,在实践中学习航空知识,然后再接受导师的理论辅导。

在这一年中,钱学森经导师们安排,先后到杭州、南昌、南京、上海见习。他在杭州第一次看到了落在地上的法国"布莱盖"飞机,后来又在南昌、南京看到了6架美国制造的"寇蒂斯"飞机,他实习的实物就是这两种型号的飞机。强烈的探索欲望和创新意识,使他在见习期间便发表了两篇关于航空、火箭的论文。一篇是1935年1月发表在由当时的国家航空委员会主办的《航空杂志》第五卷第一期上的《气船与飞机之比较及气船将来发展之途径》,另一篇于1935年7月发表在《浙江青年》第一卷第九期上,题目是《火箭》。

经过实习,钱学森对飞机有了许多直观的认知,也开始进入理论学习阶段。指导他的这三位导师都是清华大学很有名望的教授,他们讲授的课程使钱学森受益匪浅。多年后,钱学森在给导师们的信中还说"但喜吾师身体健康,尚念及三十年代事"。

第三章　异国求索之路

你在一个清朗的夏夜，望着繁密的闪闪群星，有一种可望而不可即的失望吧。我们真的如此可怜吗？不，决不！我们必须征服宇宙。

1. 离国赴美求学

1935年8月,"杰克逊总统"号邮轮在一阵汽笛声中缓缓驶离上海码头,钱学森站在舷边,望着渐渐远去的码头,心情无比沉痛。他从怀中掏出两块白丝手绢,轻轻摩挲着上面母亲亲手绣的荷花,不禁悲从中来,自己出国深造临行前竟见不到母亲熟悉而慈爱的身影。

原来,1934年夏天钱学森从上海交通大学毕业时,他的父母特地从杭州到上海接他回家,没想到回去不久,章兰娟就生病了。她的身体向来虚弱,想到儿子即将离开,不能留在自己身边,而要到异国求学,她内心依依难舍。离愁别绪更加重了她的病情,尽管多方求医,但她最后还是在钱学森出国翌年撒手人寰,去世时只有48岁。

1935年8月,钱学森出国前收拾行李时,他特意将母亲一针一线绣的手绢装进了口袋,想到母亲过早离世,他

第三章　异国求索之路

的泪水夺眶而出。

钱学森临行之前，父亲特意为他购置了《老子》《墨子》《庄子》《孟子》《论语》等典籍，并嘱咐他："在异国也要熟读这些书籍，可以对祖国传统的哲学思想摸到一些头绪。"而更深层的原因正如钱均夫所说，"任何一个民族的特性与人生观均具体体现在它的历史中。精读史学的人，常常是对祖国感情最深厚、最忠诚于祖国的人"，其用心之良苦可见一斑。

轮船即将起航时，父亲依依不舍地说："保重身体，好好学习，早日学成归国。"说完他从口袋里掏出一张纸条，交到钱学森手里，之后走下旋梯。

当汽笛声起，父亲的身影渐渐远去，钱学森打开那张纸条，只见上面写道："人，生当有品：如哲、如仁、如义、如忠、如悌、如智、如孝！吾儿此次西行，非其夙志，当青青然而归，灿灿然而返！乃父告之。"

钱学森的眼泪又一次流了下来。他发现这次分别，父亲明显苍老了许多，是啊，母亲刚离世，身为独子，自己又要远行，父亲虽然表现得很平静，但内心肯定也充满了不舍、忧伤……钱学森反复默诵着父亲的临别教诲，同时暗自念道："尊敬的父亲，您的教诲，儿子一定铭刻在心，您老人家放心吧！"

赴美前，钱学森还去看望了导师王士倬，与他告别。王士倬教授语重心长地告诫钱学森：在异国"要记住，不论你走到哪里，都不要对自己的祖国说三道四。要知道，不论哪个国家的人民，都把自己的祖国奉为至尊。祖国富强，人民光彩；祖国落后，我们脸面无光。……祖国是母亲，儿子不能嫌母丑，更不能骂亲娘。在我们国家，谁要是打爹骂娘，不管他是什么人物，马上就会遭到舆论的谴责，被孤立，变成过街老鼠、臭狗屎。这是任谁也难以改变的道德意识，正因此，我们才称中华民族为优秀民族"。听了老师的谆谆教诲，钱学森深感出国留学的责任之艰巨和使命之光荣。

钱学森还与同窗好友戴中孚约定：学好本事归来，报效祖国。美国有先进的科学技术，绝对不能白跑一趟，一定要为遭受日本侵略者蹂躏的祖国争口气，学成以后，为祖国贡献自己的力量。

离别的伤感是暂时的，激情与希望才是此次前行的动力。钱学森和来自全国各地的留美学生放下内心的悲痛，相聚在"杰克逊总统"号邮轮上，满怀激情地憧憬自己的未来。在海上航行20多天后，邮轮即将抵达西雅图，大家都穿上笔挺的西装，打好领带，站在甲板的栏杆旁和扶梯上合影。邮轮靠岸后，他们互道珍重并到各自的学校报到。钱学森则穿越美国全境，从西海岸的西雅图到麻省理工学院所在地——东海岸的波士顿。

后来，钱学森回忆说："我到美国去的时候，心里只有一个目标，就是要把科学技术学到手，而且要证明我们中国人一定可以赛过美国人，达到科学技术的高峰。这是我努力的方向。"

2. 麻省理工的翘楚

作为全球闻名的理工科大学，麻省理工学院始建于1861年，位于波士顿的剑桥镇，校园沿查尔斯河绵延3公里，占地120多亩，空气清新，绿草如茵，古朴肃穆的建筑群沿河矗立。校内的达尔文楼和牛顿楼，如这两位科学巨擘的地位一样，"双峰"耸立，让人仰视。

麻省理工学院不仅拥有古老悠久的历史，在科技工程方面更是独领风骚、首屈一指。学校名师荟萃，学习环境宽松，有利于发展学生的独立思考能力与学习主动性。这与上海交通大学有不少共通之处，因为上海交通大学从教学到实验，很多地方都借鉴了麻省理工学院的模式。比如，麻省理工学院也极其注重学分，这里的学生必须拿满360学分才能毕业。

在上海交通大学"身经百战"的钱学森，很快就在麻省理工学院游刃有余地表现出自己学习上的优势。不久，周围的师生都开始关注这个中等身材的中国学生：他闪烁着一双乌黑的大眼睛，才华横溢，学习成绩优异，而且他的逻辑推理能力、对抽象概念的理解能力以及解决问题的方式方法，都是卓然超群的。

有一次，一位教授出了一道复杂的动力学题，大多数学生冥思苦想，但仍不得其解。有个中国留学生向钱学森求教，结果，钱学森用一个巧妙的方法便将这个复杂的运算变成了简单的代数问题，很容易就得出了答案。从此，大家都惊叹麻省理工学院来了一位中国的高才生。

除了天资聪颖之外，钱学森的学习精神更是令人佩服。有一年圣诞节，一个犹太学生趁着其他同学都出去玩时来到教室学习，他以为不会有其他人来，但是他到教室一看，发现钱学森正埋头苦读呢！其实，在这个犹太学生来之前，钱学森已经在这里自习很久了。

对钱学森来说，图书馆是他人生中不可缺少的一部分。学习之余，他一有空就去学院的图书馆，阅读最新的研究论文，翻阅期刊、图书，从中汲取知识并得到启发。大量的阅读开拓了他的视野，丰富了他的学识，为他日后创造性的科学研究奠定了基础。后来，钱学森在加州理工学院担任教授，也同样要求学生经常去图书馆查阅最新的科研信息，并且要在每周的学术讨论会上向大家介绍自己了解的学术动态，以此促进全员共同吸收新成果、新思想，推动科学研究。

钱学森充分利用图书馆的资源，孜孜不倦地学习和研究，不断地充实自己，为我们树立了典范。他后来在给上海交通大学百年校庆的贺信中，深情地回忆道："可以毫不夸张地说，从一定意义上来讲，没有资料馆和图书馆，就没有今天的钱学森。"

第三章 异国求索之路

钱学森在学习上可谓挥洒自如，但在与同学的日常交往上总有些不习惯，尤其麻省理工学院中的某些美国人瞧不起中国人，这让他十分愤慨。

有一次，一个美国学生当着钱学森的面，耻笑中国人愚昧无知，说中国人大都抽鸦片，女人都裹小脚。钱学森立刻向他发起"挑战"——"我们中国作为一个国家，现在是比美国落后；但作为个人，你们谁敢和我比，到期末比谁的成绩好。"这个美国学生听了直吐舌头，再也不轻易在公开场合挑衅中国人了。

很快，钱学森便用事实回击了那个美国学生。当时，有个教授喜欢在考试时出一些偏题怪题，让很多学生考试成绩都不及格。大家为此愤愤不平，准备去找那位教授抗议。结果，当他们走到教授的办公室门口，发现门上贴着一张答卷，仔细一看，是钱学森做的卷子，不仅答案全对，而且卷面整洁。在这份答卷上，教授写了一个大大的"A"，后面还加上三个"+"号。学生们这才明白，不是教授出的题目难，而是自己学艺不精，否则钱学森也不可能取得这么好的成绩。意识到这点后，他们都感到十分羞愧，放弃了抗议行动，从此对钱学森更加佩服了。

为了实现自己的目标，钱学森以超乎常人的毅力刻苦学习，成绩总是名列全班第一。有一次，一个美国同学用狡黠的目光看着钱学森，问道："钱，你是不是有犹太人的血统?"钱学森既郑重又自豪地说:"你错了,我没有什么犹太人的血统,我是中国人,祖祖辈辈都是中国人!"

1936年9月,钱学森以优异的成绩取得麻省理工学院航空工程硕士学位,他高兴极了,因为他是一起入校的同班同学中第一个拿到硕士学位的。他写信告诉家人这个消息,告诉他们他没有辜负众人的期望。这一年,钱学森25岁。

3. 结缘冯·卡门

尽管学习成绩优异,但钱学森仍然难逃赤裸裸的种族歧视。当时,根据麻省理工学院的规定,各专业学科的学生都要在学期内到对应专业的工厂或者科研机构实习。因此,钱学森应该去飞机制造厂实习。但是,美国的飞机制造厂不接纳外国学生,只准许美国学生去实习。一向标榜民主、自由、平等的美国,种族歧视居然如此严重,这刺痛了钱学森的民族自尊心。他向校方提出抗议,但校方的回答却傲慢无比:"你可以退学,回到中国去。"

眼看航空工程的路走不通,钱学森决定改学航空理论,投奔正在加州理工学院任教的世界航空理论权威——冯·卡门教授。

冯·卡门是匈牙利籍犹太人,性格开朗,精力充沛,擅长辞令,又富有幽默感。而且他阅历广泛,到过许多国家,与世界上许多大科学家交往密切,被誉为"航空航天时代的科学奇才",是航空和航天领域德高望重的元老之一。

作为一名教授,冯·卡门讲课条理清晰,有丰富的想象力,教学效果也很好。有人曾把他与文艺复兴时期的科学家达·芬奇相提并论,认为达·芬奇创造了很多新奇的机件,而冯·卡门则培育了很多杰出的人才。

1936年秋,一身傲骨的钱学森离开麻省理工学院,千里迢迢从波士顿奔赴洛杉矶。他这一次完全是碰运气,因为此前他和冯·卡门没有任何交集,也没有人给他写推荐信。若换作别人,可能会先给冯·卡门写封信或打个电话,但钱学森带着简单的行李直奔加州理工学院而去,到达后才给冯·卡门写了一封求见信。

这天,钱学森敲开了冯·卡门教授办公室的门,犹如一个听话的小学生,恭敬地说:"尊敬的先生,我是从麻省理工学院来的钱学森!"

冯·卡门仔细打量着这位仪表庄重、中等个头的中国青年,问道:"你为什么要学习力学?"

"我为美国先进的技术倾倒,尤其是在一年的学习之后,更觉得有那么多的知识需要我继续钻研……理论研究是永无止境的,我衷心希望能师从大师,攀登最艰险的科学高峰。"

钱学森从容坦荡的回答使冯·卡门颇感意外和惊喜。在他看来,一个从事航空工程的学生不满足于已有的专业知识,感悟到理论的重要性,这正是有远大志向的表现。他再次细细打量了一番钱学森:宽阔的额头,敏锐的目光,倔强的嘴唇,淡定的神情……一向爱才惜才的冯·卡门,顿时喜欢上了这个来自遥远国度的年轻人。

随后,冯·卡门向钱学森提出一系列的问题,想考考这个中国学生。这显然难不倒钱学森,对于每一个问题,他都阐述得深刻和完美。冯·卡门被钱学森敏捷的思维和清晰的头脑吸引住了,当即接纳了这个年轻人。

钱学森后来回忆这次见面,仍然清楚地记得冯·卡门对他说的话:"钱先生,希望你到加州(加利福尼亚)来,到这里来。你在这里可以得到你需要的知识,我相信我们会合作得很好。"

就这样,钱学森开始在冯·卡门这位世界级大师的指导下,攻读空气动力学博士学位。这一年,冯·卡门55岁,钱学森25岁。

在加州安顿下来后,钱学森马上写信给父亲,告诉他这个激动人心的消息:"……我自10月份起,转学加州理工学院,投师于非常杰出的空气动力学权威冯·卡门……儿将追随这位大师攻读空气动力学,也将在这位大师身边度过对儿一生事业具有关键意义的时光……"

但转学航空理论研究这件事，父子二人出现了分歧，钱均夫在回信时表明了自己的看法："重理论而轻实际，多议论而乏行动，是中国积弱不振的一大原因。国家已到祸燃眉睫的紧要关头，望儿以国家需要为念，在航空工程上深造钻研，而不宜见异思迁，走理论之途。"

钱学森看了父亲的信，甚为失落，没想到父亲会不理解自己的做法。这时，恰巧他父亲的好友蒋百里先生来加州看望他，钱学森便将自己转学航空理论的经过及原因详细告诉了蒋百里。在麻省理工学院的学习经历，使钱学森深刻认识到，欧美国家的航空工业非常发达，相比之下中国的工业基础薄弱，如果他继续从事飞机制造业研究，中国将长期跟在欧美国家后面亦步亦趋，绝难赶超；但如果掌握了航空理论，中国人也就有了跨越式发展、超越西方的可能。蒋百里认为钱学森的想法高屋建瓴，是正确的，决定回国后帮助钱学森说服钱均夫。不久，钱均夫又给钱学森来信说："为父从前误解了你，你的选择是对的，希望你努力学习，为父支持你……"

得到了父亲的支持，钱学森内心无比安宁，感觉自己像一只将要展翅高飞的雄鹰，广阔的科学天地正等待他去搏击，去翱翔！

4. 质疑权威的科学精神

　　加州理工学院的办学理念是"小而精，小而美"，是精英学府的典范，它强调理工结合，培养的学生既是科学家，也是工程师。博大精深是加州理工学院对学生的要求。

　　作为世界知名的空气动力学家，冯·卡门一生致力于应用力学、流体力学、湍流理论、火箭等的研究，钱学森深知能够跟随冯·卡门学习，机会来之不易，因此学习更加刻苦。

　　钱学森是航空系的研究生，但冯·卡门经常鼓励他学习各种有用的知识，于是，他也抽空去听化学、物理、数学系的课程。这些不同学科的知识积累，为他日后的发展打下良好的基础。图书馆也是钱学森经常光顾的地方。这时的他像一位"知识超人"，不知疲倦地往自己的脑袋里源源不断地填充大量知识。

　　他把一天的时间安排得满满的，几乎每天都是夜里12点以后睡觉，就连节假日、寒暑假，他也在用功读书。整整三年，他凝神静气，心无旁骛地苦读，他遍阅图书馆与资料室中关于空气动力学的文献，还潜心研究相关的原子物理、量子力学、统计力学、分子结构、量子化学、现代数学、积分方程等学科理论。他力求让自己全盘掌握空气动力学的基础,并紧跟这门科学的发展,为将来攀登高峰做准备。有人说他的这种学习方法是"笨办法",而他也将之称为"三年出货"。后来回忆起自己这一阶段的学习,他说:"有些年轻人觉得三年出货太慢,很着急,可是做研究工作性急是不行的,基础打得不牢,总会吃亏,一定要积下足够的看家老本。"

钱学森不仅勤奋,而且聪明。他旁听物理系保罗·S. 爱泼斯坦的课时,经常提出一些比上课内容难得多的问题,有时老师在课堂上竟然不能立即回答他,因此,这位老师对钱学森的印象特别深。他得知钱学森是冯·卡门的学生后,对冯·卡门说:"你的学生钱学森有时在我的班上听课,他真是才华横溢。"

冯·卡门回答:"是的,他极为优秀。"

爱泼斯坦教授也是犹太人,他冲冯·卡门眨了眨眼,笑着问道:"请你告诉我,你是否觉得他有犹太人的血统?"

冯·卡门耸了耸肩膀,没有说话,两人都会意地笑了。

在加州理工学院,钱学森感到老师们在教学中非常重视创新,冯·卡门对此尤为重视。有一次上课时,冯·卡门问学生们:"你们对于100分的标准是什么?"

学生们异口同声地回答道:"全部答对。"

冯·卡门听了,摇摇头说:"我的标准和你们的不同,因为任何一个工程技术问题都没有百分之百准确的答案。

如果说有,那只是解决问题和开拓问题的方法。如果有学生对试题分析仔细,重点突出,方法正确,而且有所创新,但因个别运算疏忽得出了错误的答案,而另一个学生的答案正确,但解题方法却毫无创意,那么,我会给前者打更高的分。"

钱学森听了受益匪浅。他深深懂得在加州理工学院攻读的都是各国的拔尖人才,要想脱颖而出,必须想别人没有想到的东西,说别人没有说过的话。

钱学森还记得,在一次学术讨论会上,冯·卡门介绍了一个很有创见的学术观点,美国人叫"good idea"(好点子)。有人问:"冯·卡门教授,你把这么好的点子讲出来,就不怕别人超过你吗?"冯·卡门坦然说道:"我不怕,等他赶上来,我又跑到他前面很远的地方了。"

所谓"good idea",其实就是科学上创新的想法。钱学森后来说,来到加州理工学院,来到冯·卡门身边,使他"一下子脑子就开了窍"。在这里,他的思想变得非常活跃,学术上也有了较快的进步和发展。

当时加州理工学院的学术讨论会非常活跃,为学生们营造了自由民主的学术氛围,每个学生都可以向权威发起挑战,因此不难看到师生辩论的情景。

在一次学术讨论会上,钱学森刚刚念完自己的论文,便有一位长者站起来提出不同意见。钱学森不同意他的观点,两人争论起来,最后竟争得面红耳赤。研讨会结束后,冯·卡门告诉钱学森，那位长者是大名鼎鼎的力学权威冯·米赛斯。钱学森露出吃惊的表情，但过了一会儿便笑着对冯·卡门说："学术面前人人平等，这是您一再教导我们的。"冯·卡门听了哈哈大笑，非常赞赏钱学森的这种科学至上的精神。

就连钱学森跟冯·卡门之间，也曾因为对一个科学问题的见解不同而引起过争论。钱学森毫不退让，冯·卡门对这个"固执"的学生非常生气，将钱学森的文稿往地上一扔，拂袖而去。但钱学森内心并没有屈服，在科学问题上，只要是他谨慎论证过的就决不轻易放弃自己的观点。事后，冯·卡门经过认真思考，认识到在这个问题上自己的学生是对的。第二天下午，冯·卡门找到钱学森，诚恳地对他说："钱，昨天的争论你是对的，我错了。"冯·卡门教授的博大胸怀，让钱学森十分感动。

钱学森就是这样一个坚持自己思想（观点）的人，他关心的只是科学观点的正确与否，而不管提出观点的人的地位与权势。

凭着刻苦努力与惊人的禀赋，钱学森仅用3年时间便掌握了空气动力学的基本知识，并且站到了这门学科的前沿。

1938年，钱学森与冯·卡门合作展开了"可压缩流体边界层"的研究，不仅完美解释了这种现象，并给出发生这种逆变的马赫数计算公式；同年，他们提出了"高超声流程理论",成为世界上最早提出这一概念的先行者。

1939年夏,钱学森顺利通过了博士论文答辩,获得加州理工学院航空、数学博士学位,并提出科学界著名的以他和导师冯·卡门名字命名的"卡门–钱公式"。

"卡门–钱公式"实际上是由冯·卡门提出命题,钱学森做出的结果。它第一次给出了在可压缩的气流中,机翼在亚音速飞行时的速度与压强之间的定量关系,利用它可以比较精确地估算机翼上的压力分布,从而指导各种机翼的设计。这一研究成果,不仅使钱学森顺利通过了博士论文答辩,而且奠定了他在世界航空领域的地位,成为"世界著名空气动力学家"。

第四章　在美国冉冉升起的中国新星

我在美国的前三四年是学习,后十几年是工作,所有这一切都是在做准备,为了回到祖国后能为人民做点事。因为我是中国人。

1. "这样的天才是不多见的"

获得加州理工学院的博士学位后，钱学森又一次站在人生的十字路口，面临两个选择：一是回国参加抗战，二是留在美国继续空气动力学的研究。

这时，冯·卡门教授给了钱学森关键性的指导。冯·卡门认为中国进行科学研究的条件还很欠缺，不希望钱学森这样的科学天才就此埋没，所以他劝钱学森："在美国进行科学研究，同样可以增强反法西斯的力量。"

冯·卡门曾于1937年应清华大学之邀前往中国讲学；之后，国民政府又邀请他去南京，为中国的航空事业出谋划策。当时中国东北地区已被日军占领，这年6月冯·卡门从莫斯科坐火车经过中国东北，对日寇铁蹄下的中国百姓深表同情。7月7日，冯·卡门从北平前往南京。就在这一天,爆发了震惊中外的"卢沟桥事变",中国由此开始全面抗战。

7月8日,中共中央向全国人民发出号召:"平津危急!华北危急!中华民族危急!只有全民族实行抗战,才是我们的出路!"然而,到了这个危急关头,蒋介石仍然没有下定抗日决心,企图通过外交手段解决这一事件。

冯·卡门来到南京时,蒋介石正在庐山避暑,国民政府航空委员会主任周至柔派专机将冯·卡门送到庐山。在庐山,蒋介石向冯·卡门询问如何发展中国的航空事业,然而当时中国的工业技术非常落后,又面临着日寇入侵,要想依靠自身的力量制造飞机,显然是不可能的。

这次中国之行,使冯·卡门进一步理解了钱学森对航空事业的强烈追求。民族和个人的相似命运,无形中将他们拉得更近了。

就在钱学森决定接受恩师的建议留在美国时,1940年年初,他收到了赴美留学前的导师、清华大学教授王助写来的信,希望他能回国工作。

根据清华大学留美公费生的规定,在美国学习的时间最长为3年。此时,钱学森已经在美国待了4年多,而且钱学森在航空领域所取得的成就是有目共睹的,所以清华大学希望他回国任教。

其实,钱学森并不打算久留美国,他留学的目的本就是学习一技之长，报效祖国。但冯·卡门很欣赏他的才能，强烈建议他再留一年。1940年4月20日，冯·卡门亲自写信给王助，信中写道：

> 本人绝无耽误钱先生为国尽忠的意图，但也正如你所说，每个人都可以用不同的方式为国服务。我认为钱先生回国前，若能在航空工程与航空科学等领域再多做些研究，对他个人和中国都会更有帮助。
>
> 他在高速气体动力学和结构学方面已有可观的成绩，我们目前正致力于研究浮筒与船舶的流体力学，这是个很重要的课题，贵机构想必也很需要一位熟悉海平面流体力学的人才。
>
> 基于以上观点，本人建议钱先生在加州理工学院多留一年。当然，他的工作能力与愉快合群的个性也令人欣赏，但请相信，本人提出这一建议绝非出于自私的动机。

就这样，钱学森继续留在加州理工学院进行空气动力学的研究。

自1940年开始，钱学森与冯·卡门合作展开了对飞机金属薄壳结构的研究。在美国航空学会的年会上，钱学森宣读了一篇关于薄壳体稳定性的研究论文，发表了开拓性的具有远见卓识的观点，这也使他在航空技术工程的理论领域声名鹊起。

加州理工学院的教授们评价说，这师生二人真是"天造地设"的一对，他们总能不断提出一些解决难题的创新思想，又能用一串串数学公式将它们很好地描述出来，使问题顺利得以解决。

冯·卡门教授说："人们都这样说，觉得是我发现了钱学森，其实正好相反，是钱学森发现了我。"他认为，"钱学森想象力丰富，善于将自然现象中的物理图形直观化，并将这种能力与他的数学天赋很好地结合起来。尽管他还是个年轻的学生，但已能在一些很难的课题上帮助我澄清自己的一些想法，这样的天才是不多见的。"

2. 迈入火箭研制新领域

在与冯·卡门教授亲密合作，专注于航空－空气动力理论研究的同时，钱学森对火箭也产生了极大的兴趣。实际上，他在加州理工学院攻读博士学位时就和火箭有过接触，这还要从加州理工学院的火箭研究小组说起。

1936年的一天，三个年轻人走进冯·卡门的办公室，他们分别是航空系二年级博士生马林纳、自学成才的化学家帕森斯和"火箭发动机迷"福曼。他们向冯·卡门请求，希望他能支持他们研制探空火箭。

冯·卡门非常了解火箭研究的历史和现状，当时已有苏、美、德的先驱者在进行相关研究，他向马林纳等人询问了研究计划，得知他们想要研制一种能推进到30~80公里高空的液体燃料与固体燃料火箭，当即表示"可以一试"，并爽快地同意他们在业余时间使用他主持的古根海姆喷气推进研究中心的设施，而且在他们有需要时可以给予指导。

不久后的一天，钱学森和马林纳并肩坐在教室里听课，当时钱学森手里拿着一本载有马林纳关于火箭研究方面的文章的杂志，两人热烈地讨论起了这篇文章，并因此而结识。马林纳热情地邀请钱学森加入他们的火箭研究小组，钱学森毫不犹豫地答应下来。这无疑是他一生中的一个重大决定。

在20世纪30年代，火箭还属于新生事物，钱学森对火箭技术很感兴趣，尽管科研任务很重，节奏也快，但他还是参加了火箭试验，成为马林纳火箭研究小组的成员之一，担任理论设计师。

这个火箭研究小组有5个成员，纯粹是一个民间组织。他们既没有资金，也没有设备，甚至连试验、研究的场地也没有，被周围人视为一帮怪人。但是，这些困难没有冷却他们的热情，没有设备，他们就到旧货摊或废品仓库去找零件自己安装；没有试验场地，他们就在自家房屋后的草坪上进行。

后来，研究生阿诺德表示，如果火箭研究小组同意让他拍照，他愿意捐献1000美元的经费。就这样，火箭研究小组得到了第一笔资金。有了这1000美元，大家马上开始下一步的工作。

1937年5月29日，钱学森向火箭研究小组提交了一份报告，解决了火箭设计中遇到的理论问题，如燃烧喷嘴的设计、火箭的理想效率、燃烧室中的温度、燃烧产生气体膨胀不足和过度膨胀对火箭效率的影响、发动机推力的计算等。这份报告后来被收录于他们的火箭研究课题选集。

同年6月，火箭研究小组在冯·卡门的支持下，开始利用学校的实验室进行试验。然而，试验接连失败，并给校园造成了巨大损失。有一次爆炸后，办公楼的很多房间都弥漫着污染性气体，呛得楼内人员喘不过气来，马林纳还差点丢了性命。这件事发生以后，全校师生都戏称他们是一个"自杀俱乐部"。

事后，他们把试验地点转移到市郊一个名叫阿洛约赛克的干枯河床上。这个地方后来成为美国火箭的摇篮，最后发展成为全球著名的"喷气推进实验室"。

1938年，冯·卡门参加了一个美国科学院所属的军事航空委员会召开的会议。会上，军方提议制造一种火箭作为助推工具，帮助重型轰炸机在很短的跑道或是航空母舰上快速起飞。回到学校后，冯·卡门马上找马林纳、钱学森等人商议，决定接受这个名为"JATO"的任务。"JATO"是 Jet – Assisted Take – Off（喷气助飞）的缩写。

1939 年，在冯·卡门的建议下，美国科学院决定在加州理工学院成立火箭研究中心，划拨研究经费，以解决火箭助推装置帮助飞机实现短距离起飞的相关问题。美国军方希望他们能够尽快制造出新式火箭，以对付德国法西斯。

冯·卡门与马林纳、钱学森等人研究后认为，美国当时的技术水平和实验条件都比较差，首先应建立一个完备的实验室，这就直接促成了加州帕萨迪纳"喷气推进实验室"的诞生。钱学森正是从这里一步步地走向人生的辉煌。

由于新式火箭是一个全新的课题，在理论、技术上不可避免地要遇到许多"拦路虎"。在冯·卡门的领导和支持下，火箭研究小组首先制造了一个 8 英寸（约 20.32 厘米）长的小火箭，吊在实验室的屋顶上，反复设计，严格计算，不断进行试验，修正错误，吸取经验，然后到空旷的山谷里进行规模稍大的试验。

在此期间，钱学森吸取冯·卡门、马林纳等人的一些成果和经验，深入分析、研究和计算，提出了降伏"拦路虎"的独到见解，并形成一份科研报告。他在报告中具体描述了一些燃烧室和废气喷嘴大小都固定的理想火箭的理论模型，并强调火箭尾端喷出的火焰周径一定要小，这样才能在太空中集中推力，不致失去控制。这份报告成为他们研究火箭理论与计算的重要基础。

1941年8月，在科学的火箭理论与计算方法的指导下，火箭试射终于获得成功。"JATO"终于诞生了！这种火箭助推起飞装置，使飞机的跑道大大缩短，飞机起飞的速度也提高了很多。之后，"JATO"这种火箭起飞助推器迅速在美国空军中得到广泛应用。在这次火箭的研究设计过程中，钱学森起到了非常重要的作用。

3. 供职五角大楼

五角大楼，是一幢五角形的大楼——由五幢五层的楼房联结而成，美国军队的五个兵种——陆军、海军、空军、海军陆战队、海岸警卫队各占一幢。这是一个高度机密、非常神秘的地方，是美国国防部的代名词。

作为一个持有中华民国护照的外国人，钱学森居然能跨进这个戒备森严的禁地，并且在那里上班，确实不可思议，这究竟是怎么回事呢？

本来美国政府是不信任钱学森的，尽管他是冯·卡门的得力助手，且参与了火箭的理论研究与实物研制。1940年，美国还通过了《外国人登记法案》，严密监视外国移民。钱学森也成了美国政府的监视对象。这年夏天，他到美国司法部移民归化局（简称移民局）留下了自己的指纹记录。1942年，火箭研究小组扩展成航空喷气公司，冯·卡门和马林纳均担任要职，而钱学森只兼任公司的技术顾问。

出人意料的是，战争的发展不问缘由地将钱学森卷入了美国的核心机密中。

1941年12月"珍珠港事件"爆发后，美国对日本宣战，并且与英国、苏联和中国等国结成反法西斯同盟。由于美国缺乏军事尖端科技人才，在冯·卡门的推荐下，钱学森被批准参加美国军方、国防部、科学研究发展局等机构的军事科技机密工作。

1943年夏，美国军方给冯·卡门送来几张被列为高度机密的照片，从照片上可以看到，法国北海岸出现了几座很像水泥跳水台的奇怪建筑，当时那一带已被纳粹德国占领。冯·卡门、钱学森等人认为这是火箭发射台，纳粹德国可能正在大规模研发火箭武器。冯·卡门马上让钱学森和马林纳起草报告，提议美国尽快制订火箭研制计划。很快，以冯·卡门为首的喷气推进实验室，开始研制美国的火箭武器。

1944年,第二次世界大战进入最后阶段,美国陆军航空兵司令亨利·阿诺德亲自拜访了冯·卡门,希望他分析评估一下包括火箭技术在内的美国航空技术的发展现状,以及未来20年乃至50年的中长期发展,并且就如何保持美国在这一领域的领先地位谈谈他的看法。阿诺德还表示,未来20年,美国空军的建设重心将由飞行员改为科学家。从现在来看,他的观点显然是长远而明智的。

1944年12月1日,美国国防部陆军航空兵根据冯·卡门的建议,成立了一个科学咨询团,由冯·卡门任团长。钱学森也由冯·卡门推荐加入了这个科学咨询团,之后,他辞去在加州理工学院担任的各项职务,开始在美国最重要的军事指挥中心——五角大楼供职。

4. 赴德考察

在人民出版社出版的《钱学森画册》中,有一张很有意思的照片。照片上,冯·卡门面带微笑,头戴美军军帽的钱学森也一脸笑意,而德国著名空气动力学家路德维希·普朗特则面无表情,大檐帽压得很低。这张照片是1945年钱学森访问德国时所拍,记录了世界三代空气动力学家在德国哥廷根的会面。

1945年年初，为了抢先接管并获取纳粹德国的火箭研究技术，美国政府决定派遣冯·卡门率领一批技术专家前往德国"考察摸底"。钱学森也被美国军方授予上校军衔，参加了这次考察活动。这一年，34岁的钱学森穿着威武的军装，成了这支特殊队伍中的一个特殊人物，黄皮肤、黑头发的钱学森竟能在森严的美国军方拥有一席之地，不可谓不奇。

抵达德国后，他们考察了德国空军设在布伦瑞克附近森林中的一个秘密研究所。这个研究所建在小城附近的森林之中，由56幢建筑组成，拥有上千名工作人员，由纳粹德国空军司令戈林直接领导。这里有成套的研究飞机引擎的设备和导弹模型，存有秘密研究报告300万份，重达1500吨，这些都运往了美国。

钱学森与考察团成员详细察看了研究设备，分析了技术成果，并审问了有关研究人员。钱学森参与审问的是德国火箭专家冯·布劳恩和气体动力学家鲁道夫·赫曼。冯·布劳恩和鲁道夫·赫曼都是德国研制V-1、V-2导弹的主要负责人，鲁道夫·赫曼还是设计超音速风洞小组的领导人。

冯·卡门与钱学森在审问时惊讶地发现，鲁道夫·赫曼设计火箭的关键理论和技术居然参考了钱学森两年前发表的论文——《超音速气流中锥形体的压力分布》；同时他们还得知一个令人震惊的情报：德国已经着手研制一种射程为3000英里（约4828公里）的远程火箭，这表明德国的火箭技术已走在美国前面。

之后，科学考察团又来到哥廷根。在哥廷根大学，冯·卡门和钱学森一起会见了著名科学家路德维希·普朗特，这就有了前面提到的那张照片。冯·卡门早年在哥廷根大学攻读博士学位时，普朗特曾担任他的导师，然而这次会见不是学生对老师的拜访，而是审问。冯·卡门被纳粹赶到美国后，与普朗特在政治上已经分道扬镳、各为其主了。眼下，冯·卡门效忠的美国胜利在望，而普朗特效忠的德国已是强弩之末。

普朗特是世界知名的近代流体力学权威，被誉为"空气动力学之父"。1906年，他设计制造了德国第一个风洞，从此，风洞成为空气动力学必备的研究手段。在第二次世界大战期间，普朗特与戈林的帝国空军密切合作，对法西斯战争负有难以推卸的责任。

冯·卡门晚年回忆这次会见时说："是钱和我在哥廷根共同审问我昔日的老师路德维希·普朗特。这是一次多么不可思议的会见啊，现在把自己的命运与红色中国联系在一起的我的杰出学生，与为纳粹德国工作的老师会合在一起，我们经历的是一个多么奇特的境遇……"

考察结束后，科学考察团编写了13卷具有展望性的报告——《迈向新高度》，其中有5卷（共7个部分）由钱学森执笔。钱学森总结了欧洲各国尤其是德国的研究成果与经验，结合美国的现状，提出了战略性发展的独创见解与切实可行的技术路线。这份报告成为第二次世界大战后美国航空航天事业在20世纪下半叶飞速发展、使美国快速跻身世界军事强国的理论基础。

事后，美国国防科学研究委员会科学研究发展局向钱学森颁发了特别证书，说他"在参加国防科学研究委员会科学研究发展局所做计划的工作中，对第二次世界大战做出了成功的贡献"，为反法西斯战争的胜利做出了"巨大的无法估量的贡献"。

不久，钱学森又向冯·卡门提议，希望运用新的军事思想和方法来从事火箭技术的研究。钱学森回国后运用军事系统工程方法，领导火箭、导弹的研发事业也正是肇端于此。

5. 麻省理工的终身教授

1945年的德国之行，使钱学森受益匪浅，钱学森对世界航空技术、火箭技术的发展有了更清晰的认识，学术研究也跃上一个新的高度。

不久，钱学森被加州理工学院聘为副教授，并且为美国空军主持编写了专著《喷气推进》,又在美国《航空科学》期刊上发表了论文《核能燃料用于飞机推进发动机之可能性》。他的成就受到美国军方的赞赏,也得到了学术界的好评。

这个时候,麻省理工学院多次向钱学森发出邀请,希望他到麻省理工学院任教。加州理工学院显然不想让钱学森离开,因而想尽办法挽留他。1946年暑假期间,冯·卡门因为与加州理工学院发生分歧而辞职,钱学森便跟随恩师离开加州理工学院,回到麻省理工学院,被聘为航空系副教授,负责教授空气动力学专业的研究生。

钱学森一边认真教学,一边和冯·卡门参与美国军方的活动,发表了一些论文。这时他开始关注物理学,认为利用核能发展航空航天事业以及和平利用核能的前景非常广阔。同年,他在美国《航空科学》期刊上发表了论文《原子能》,文中提供了将核能应用于航空航天及进行工程设计的物理原则与量化信息。钱学森还在麻省理工学院作过多场关于核能与航空、制造核能火箭的演讲,深深吸引了广大师生。

1947年初,年仅36岁的钱学森被麻省理工学院聘为终身教授,推荐人是冯·卡门。冯·卡门在推荐信中写道:"钱博士在应用数学和数学物理解决气体动力学与结构弹性方面的难题方面,绝对是同辈中的佼佼者……他人格成熟，堪当正教授之责，也是一位组织能力极强的好老师。他对于知识和道德的忠诚，使他能全心奉献于科学。"

按照惯例，在麻省理工学院，晋升为终身教授的人通常科研成果显著，并且担任副教授不少于3年时间。每个系一般只有2~3名终身教授。在这种情况下，风华正茂的钱学森成为麻省理工学院最年轻的终身教授。

1947年2月，钱学森受邀在麻省理工学院航空系大厅作了一场学术报告，主题是"飞向太空"，听众包括众多名师和一些军界要人。这也是钱学森一生中很重要的一件事情。出席报告会的来宾面前都放了一张卡片，上面写着："请您猜猜，在本院培养的硕士研究生中，哪一位获得了本院最年轻的终身教授桂冠？"众人百思不得其解，直到谜底揭晓，原来是仅做了一年多副教授的钱学森获此殊荣。来宾们热烈鼓掌，以示祝贺。

麻省理工学院院长首先走上讲台，简单介绍了钱学森的履历，然后风趣地说："现在，年轻的钱学森教授要把我们带到太空去，就请大家尽情地畅游一番吧！"

大厅的灯光渐渐暗了下来，钱学森开始演讲。他用简练的语言描述了人类探索宇宙的远景后，悬挂在演讲台正中央的银幕被照亮了，听众的目光随之集中到银幕上。伴着钱学森的演讲，银幕上的画面不断变化……大家看着画面中的火箭发射景象，沉浸在钱学森动人的演讲中，仿佛进入了太空时代。

演讲结束后，灯光转亮，鸦雀无声的大厅里爆发出雷鸣般的掌声。院长兴奋地走上前去，热烈地拥抱钱学森，祝贺他演讲成功。

作为第一个走进麻省理工学院教授行列的中国人，也是第一个在这种场合作演讲报告的中国人，钱学森心中充满了自豪感，为祖国，也为自己。

在教学工作中，钱学森作风严谨，有时近乎严厉。他坚信"严师出高徒"，事实也证明，他所教的学生后来有很多成为美国、中国以及西方其他国家航空航天领域的栋梁之材。

钱学森考试时一般是开卷，但出的考题却很难。据他的学生——一位任教于哈佛大学与麻省理工学院的教授回忆，钱学森十分严格，如果你能考试及格的话，那么你就是一个好学生。

有一次，钱学森讲课时，一个学生没看懂公式推导，站起来说："教授先生，你的数学推导我没有完全听懂，可不可以再给我们详细讲一讲？"钱学森说："勤于思考的人是不会问这样的问题。你是一位很聪明的同学，请先回去想一想。我相信你应该会想明白的。"

对钱学森，美国专栏作家密尔顿·维奥斯特的观点有一定代表性，他说："在他的专业里，钱受到的尊敬多于爱慕。可能是因为他是一个西方人中的中国人，他面临的竞争很多。他对自己以及在他手下工作的中国学生，要求都非常严格。他讨厌平庸而无所作为。钱通常打破学界的礼貌规矩，公开对低劣的工作表示不齿。……他的同事对他的评论是他从来不说假话，从他身上找不到那些不可思议的东方人的毛病，他所具有的只是率直。他有点骄傲，但这并无损于他的诚实、自我严格要求的性格以及严谨的治学精神。"

第五章 比翼双飞相辉映

> 我是多么有福气啊,在我对一项工作感到困难、百思不得其解的时候,往往是蒋英的歌声使我豁然开朗,得到启示。

1. 同唱一曲《燕双飞》

1947年可以说是钱学森的幸运之年。这一年，他成为麻省理工学院的终身教授；这一年，他收获了人生最大的幸福——与青梅竹马的歌唱家蒋英喜结连理。

1947年暑假，钱学森请假回国省亲，之所以选择这个时候回国，一是因为他的父亲来信说要做胃部手术，这让他很担心；二是在他事业有成之时回国，既可以告慰父亲与亡母，也可以回报恩师；三是抗日战争已经结束，他很想回去看看国内形势，是否有合适的发展机会，以实现他报效祖国的夙愿。

这次回国，钱学森又见到了青梅竹马的蒋英。

蒋英是蒋百里的三女儿。蒋百里和钱均夫早年都就读于杭州的求是学院，18岁那年，两人又以文字互契而结为好友，分别于1901年、1902年留学日本，一个学军

第五章 比翼双飞相辉映

事,一个学教育。回国后,他们又先后定居北京,往来密切。

蒋百里是民国时期著名的军事理论家、陆军上将。他一生结过两次婚,和原配夫人查品珍的婚姻由父母包办,未生育子女;第二位妻子蒋佐梅是日本人,他们自由恋爱,相伴一生。

蒋百里有五个女儿,人称"五朵金花",而钱均夫只有独子钱学森。钱学森的母亲十分羡慕蒋家有几个如花似玉的女儿。有一次两家聚会时,章兰娟当面恳求蒋百里夫妇将他们的一个女儿过继给钱家,蒋百里欣然答应。于是,"五朵金花"中的老三蒋英就成了钱均夫的养女。

为将蒋英从蒋家过继到钱家,两家都举行了很正式的仪式,请了亲朋好友,办了几桌酒席,蒋英还改名为"钱家英",和从小带她的奶妈一起住到了钱家。此后,钱学森和蒋英以兄妹相称,青梅竹马,两小无猜。他们冬天滚雪球,打雪仗,堆雪人;春节放烟花、鞭炮。春暖花开的时节,钱均夫带着他们一起制作风筝,到郊外去放。寒暑假时,钱学森教蒋英读书识字,给她补习功课。

在蒋钱两家的一次聚会中,钱学森和蒋英给在座的长辈唱了一首《燕双飞》,四个大人见他们唱得那么和谐自然,都开心地笑了。这时,蒋百里似乎明白了什么:"噢,你钱均夫要我的女儿,恐怕不单单是缺个闺女吧?"实际上,蒋百里也很喜欢钱学森,他多次对钱均夫说:"咱们的学森是个天才，要好好培养，将来成为中国的爱迪生是很有希望的。"

　　蒋英晚年回忆起少年的这些经历，曾说："过了一段时间，我爸爸妈妈醒悟过来了，更加舍不得我，跟钱家说想把老三要回来。再说，我自己在他们家也觉得闷，我们家多热闹呀！钱学森的妈妈答应放我回去，但要做个'交易'：你们这个老三长大了，要当我干女儿，将来得给我当儿媳妇。后来，我管钱学森的父母叫干爹干妈，管钱学森叫干哥哥。"

　　1935年，钱学森准备出国前，钱均夫接受蒋百里的邀请，全家从杭州迁到了上海，蒋英随父母到钱家去看望钱学森。这一年，蒋英16岁，已是亭亭玉立、楚楚动人的少女；而比她大8岁的钱学森也长成一个成熟稳重的男子汉了。钱学森一直很喜欢这个爱说爱笑的小妹妹，曾亲昵地对蒋英说："你的笑声很甜美，你能一直保持吗？若干年后，依然如故，可以做到吗？"

　　调皮的蒋英反问道："为什么？"

　　钱学森真诚地说："因为没有什么比快活和清纯更美好的了。"

　　这天，蒋英非常高兴，不仅送给钱学森一本唐诗，还为钱学森弹奏了莫扎特的《D大调奏鸣曲》。钱学森听得如痴如醉，后来，他把那本唐诗当作一份珍贵的礼物放在藤条提箱里带到了美国。

或许这时的他们都没有料到，儿时的一曲《燕双飞》竟成为他们日后结为伉俪的预言，也成为他们偕行万里的艺术写照。

2. 艺坛女高音

1936年，也就是钱学森去美国的第二年，蒋百里以军事委员会高等顾问的名义出访欧美各国，考察军事。这一次他带了夫人以及三女儿蒋英、五女儿蒋和同往。

途经德国柏林时，蒋百里决定把两个女儿送进德国的贵族学校念书。不久，蒋英考上了柏林音乐大学声乐系，在系主任、男中音歌唱家海尔曼·怀森堡的指导下学习西洋美声唱法，掌握了不同时期、不同作家、不同形式的声乐作品。

蒋百里离开德国后，又前往美国考察，他特地绕到洛杉矶，探望正在加州理工学院学习的钱学森，并把蒋英的一张照片送给钱学森。这一举动在某种程度上意味着蒋百里对钱学森的认可。

在柏林期间，蒋英白天学习声乐和德语、法语、意大利语——这些语言都是学好西洋美声艺术的基本功，晚上则去音乐厅听歌剧和交响乐。她还选修了钢琴、小提琴，生活忙碌而充实。她立志要学好这门艺术，做一名优秀的艺术家。

遗憾的是，这种平静的生活很快便被打破了，由于纳粹德国发动侵略战争，柏林人心惶惶。与此同时，日本也对中国展开了全面进攻，蒋英十分牵挂远方的亲人。1938年11月，她从报纸上得知父亲因病不幸去世，内心悲痛不已，当时中国烽火连天，远在异国他乡的她无法回国送别父亲，唯有忍着悲痛，更加努力地学习。

1940年，英国开始对德国实施轰炸，为避免发生危险，蒋英决定到瑞士继续研究"音学"。她师从匈牙利歌唱家依罗娜·杜丽戈，学习德国艺术歌曲和清唱剧；次年又跟慕尼黑音乐学院教授、著名瓦格拉歌剧家艾米·克鲁格学习歌剧和表演。在他们的指导下，蒋英的专业技能有了全面飞跃，不仅扩展了知识领域，还掌握了大量的德国艺术歌曲、法国艺术歌曲、清唱剧、受难曲、弥撒等室内乐作品。

为了更好地学习艺术歌曲和歌剧，蒋英还阅读了大量欧洲古典文学名著，她在一篇文章中写道："艺术歌曲是唱出来的诗，以歌声来强化诗的感性，歌中有诗，诗中有歌。"

"二战"结束后，蒋英学成归国。1947年5月31日，28岁的蒋英在上海兰心大戏院举行了归国后的第一场独唱会，由钢琴名家马果斯基教授伴奏，效果甚佳，一时成为上海媒体关注的歌坛新秀。音乐评论家俞便民在报纸上发表评论说："蒋英的音乐会是本评论者听到的最佳音乐会之一，她也是近年来舞台上出现的青年女高音。蒋的歌喉是抒情的，她的特点是懂得如何运用她的嗓音，最令人信服的是极具有音乐感……她卓越的歌唱艺术，加强了记者对中国艺坛必将吐射光华的信念……"

3. 科学家的别样求婚

当蒋英的歌声还萦绕在上海上空时，钱学森从大洋彼岸乘坐飞机回到了上海。

此时钱家住在上海愚园路1032弄111号，这是一座4层的红砖楼房，原本是钱学森之母章兰娟娘家的财产。后来，章家因为家道中落，不得不卖掉这栋楼房。钱均夫和章家迁居到上海后，又一起把这栋楼房租了下来，钱家住一楼，章家住三楼。

蒋家离这里不远，蒋百里在世时，两家人经常走动。故人已逝，情谊不改。蒋百里去世后，钱均夫仍保持每星期去看望蒋百里家人的习惯，并经常送上一些杭州小吃。蒋英回国后，钱均夫还特意问过蒋佐梅："小三有朋友了吗?""小三"是家里人对蒋英的亲切昵称,而钱均夫的这一问,言外之意不难猜出。

钱学森回来后,也经常去蒋家走动。这一年,钱学森36岁,蒋英28岁,两人都事业小成,但仍形单影只。双方老人虽想撮合他们,但两人似乎并不着急。钱均夫无奈,只得请蒋英为她的干哥哥钱学森做媒。

蒋英是个热心单纯的姑娘,很快就给钱学森安排了一次相亲,请来两个女友和他见面,分别坐在他两边。但是,钱学森对这两个女孩不感兴趣,反而跟蒋英有聊不完的话题。吃完饭后,有朋友向钱学森打听这次约会的情况,钱学森说:"和那两位话不投机,倒是跟蒋英聊得很好。"

不久,钱学森在上海交通大学作学术演讲,蒋英也来"捧场"。钱学森十分高兴,演讲结束后,他送蒋英回家。到了蒋家,蒋英说:"我有不少很好的唱片,挑一张我最喜欢的给你好吗?"

钱学森略显慌乱地说:"不用了,不用了。"两人一阵沉默后,钱学森突然抬起头,炯炯有神地看着蒋英,对她说:"跟我去美国吧!"

其实,蒋英也已经属意钱学森,但没想到他会这么直白,当下腼腆地拒绝道:"不行,不行,我有男朋友了。"

钱学森却干脆直接地说:"你的那些男朋友都不算。"

作为一名科学家,钱学森的求婚没有甜言蜜语,没有鲜艳的红玫瑰,更没有当下备受青睐的单膝跪地,只有真诚坦率的一句"跟我去美国吧",简单的求婚背后,是他浓得化不开的爱意情丝和心系一人的坚决。后来蒋英回忆两人相处的情境时说:"没说几句我就答应了。其实,我内心已经很佩服他、很敬仰他了,36岁就是终身教授。我当时认为,有学问的人就是好人。"

六个星期后,他们在上海举行了隆重的婚礼,在亲人朋友的见证下,青梅竹马的两人结为连理。著名科学家与歌唱家的结合,在当时传为佳话。

4. 琴瑟和鸣的婚姻

钱学森当年留学美国,志在学到真本领,报效祖国。这次回国他本有留下之意,然而,回国看到的一切却让他失望至极:达官贵人、巨贾富商灯红酒绿、纸醉金迷,劳苦大众食不果腹、饿殍遍野,特别是蒋介石政府在日本投降后,撕毁和平协定,发动了全面内战。这一切,仿佛一盆冷水浇灭了钱学森的回国热情。所以,尽管当局多方邀请,希望他留下来,诸多亲友也劝他留在国内工作,一为报国,二为尽孝,但他不愿"为国民党装点门面",决定回美国继续科研事业。

结婚后第九天,钱学森便起程返回美国。一个多月后,蒋英也来到了美国波士顿。他们在麻省理工学院附近的一座旧楼房里安了家,新家陈设简单朴素,二楼一间狭小的书房作为钱学森的工作室,起居室里摆放着钱学森送给蒋英的新婚礼物——一架黑色三角钢琴,为简陋的家里增添了几分典雅的气息。

科学家的头脑里似乎缺少浪漫情结,但又有另类的趣味。后来,蒋英对自己到达波士顿后第一天的生活这样描述道:"我们一块吃早饭,按照外国人的习惯,吃完早饭,泡了一杯茶。之后,他站起来说:'那我走了,晚上再回来,你一个人慢慢熟悉熟悉吧。'……到晚上,他回来了,五六点钟。他很客气地对我说:'你好,吃什么饭呢?'那时我不会做饭,也不知道怎样做,就一起到外面吃了一顿快餐。吃完晚饭回到家,他泡了一杯茶,就说:'回见,回见!'我当时一愣:'回见?'然后就看他端着一杯茶进了书房,门一关,就不出来了。"

不久后的一个周末,钱学森在美国的表亲来看望这对新婚夫妇。这位表亲是第一次来波士顿,三人吃完午饭后,蒋英对钱学森说:"你带他去城里转转吧。"没想到钱学森不假思索地说:"不,我下午还要看书。"后来提起这件事,蒋英说:"当时我好尴尬,那位表亲也就马上告辞了。"

当然,不浪漫不代表不幸福,他们的新婚生活依然充满了甜蜜。蒋英长期在德国学音乐,初到美国,语言不通,钱学森就抽空教她英语,还不时用英语说一些俏皮话,逗她开心。为了尽快掌握英语,蒋英将几首德文歌曲翻译成英文,经常哼唱,使得这座小楼时常传出欢声笑语。他们共同品味着婚后的幸福,用艺术营造家庭的温馨。

钱学森与蒋英结婚后,言谈变得更加风趣,更富于幽默感,连冯·卡门教授也说:"钱如今像是变了一个人,蒋英的确是一个可爱的姑娘,钱完全被她迷住了。"

钱学森与蒋英的美满婚姻让朋友们羡慕不已。钱学森温文尔雅,不仅是一位科学家,还富于艺术修养和生活情调。在美国的时候,他们夫妇经常请朋友们到家里做客,每次有朋友来,钱学森都亲自下厨。朋友们对钱学森的评价是,他做菜时尽量保持菜的原味,清淡可口,非常美味。钱学森不爱喝酒,但他招待朋友吃饭,总忘不了给大家敬一杯酒调节气氛。蒋英曾风趣地说:"我们家学森是大师傅,我只能给他打打下手。"钱学森则俏皮地说:"蒋英是我家的'童养媳'。"

蒋英到美国的头几年,钱学森需经常到美国各地讲学和参观,每次外出归来,他总会给蒋英买一些她喜欢的小礼品,尤其是各种新唱片。在他们家里,各种钢琴独奏曲、协奏曲唱片,应有尽有。

多年后回忆起那时的生活,蒋英仍然回味无穷地说:"那个时候,我们都喜欢哲理性强的音乐作品。学森还喜欢美术,水彩画也画得相当出色。因此,我们常常去听音乐会、看画展。"她一脸幸福地说:"不知为什么,我喜欢的他都喜欢。"

　　1948年10月,他们的第一个孩子出世,取名钱永刚。幸福的二人世界变成了温馨的三口之家。

第六章　艰难曲折的归国路

我很高兴能回到自己的国家，我不打算再回美国。今后我将竭尽全力同中国人民一道建设自己的国家，使我的同胞能够过上有尊严的幸福生活。

1. 积极准备回国

在美国学习和生活期间,每到中华民族的传统节日,或者父母的生日,钱学森都会写一封长长的家书,抒发自己对祖国和亲人的思念之情。

1942年,钱伟长、傅承义、郭永怀等人的到来,让钱学森兴奋异常,他们经常聚在一起吃饭,或者讨论科学问题,或者讨论时局,相处得十分融洽。钱伟长多才多艺,正在冯·卡门教授门下攻读空气动力学。傅承义特别佩服东汉张衡首创了世界上第一台地震仪,因而立志专攻地球物理学。郭永怀和钱学森一样,也钟爱空气动力学与火箭飞行专业,并取得了很好的成绩。钱学森对郭永怀驾驭课题的能力十分佩服,后来还推荐他回国担任核武器爆炸力学研究的负责人。

第六章 艰难曲折的归国路

1943年11月,周培源也来到加州理工学院从事科学研究工作,与冯·卡门一起研究湍流力学理论。在两年多的时间里,钱学森和中国同学常常到周培源家中聚会。每次聚会,大家买来蔬菜以及鸡、鸭、鱼等,一起动手做饭。钱学森、孟昭英等人烹饪手艺很好,于是主动承担炒菜任务。聚餐时,他们讨论的话题从世界大事、国内形势到学术、艺术,无所不谈,无所不议,不过,怀念祖国、怀念亲朋好友,始终是他们最主要的话题。

1949年9月,钱学森接受加州理工学院的邀请,与冯·卡门一起回到加州理工学院任职。冯·卡门再次担任古根海姆空气动力学实验室主任和航空系主任,钱学森则担任古根海姆喷气推进中心主任及航空系教授。

这一次,钱学森和蒋英以及不满周岁的儿子在帕萨迪纳一幢幽静的房子里安了家。

此时的钱学森可以说是功成名就,受人尊重,前程似锦。然而,他内心最牵挂的依然是远隔万里的祖国,因为他从来没有忘记过自己"学业有成,有朝一日报效祖国"的理想。钱学森在美国没有买保险,也没有买房子。1941年,冯·卡门成立航空喷气公司时,钱学森可以优先购买公司的原始股,可是他没有买。钱学森后来说:"我在美国那么长时间,从来没想过一辈子要在那里待下去。……因为我是中国人,根本不打算在美国住一辈子。"

1949年10月1日，中华人民共和国宣告成立。钱学森得知这一喜讯后，马上加紧了回归祖国的准备。他对蒋英说："祖国已经解放，我们该回去了。"此时此刻，他久埋心底的愿望愈发强烈：早日回到祖国，用自己的专长为祖国的建设服务。有人劝他："中国现在刚刚解放，要设备没设备，要钱没钱，现在回去搞研究是十分困难的。"但钱学森诚恳地说："我们盼望很久的这一天终于如期而至。现在祖国是非常穷，正是因为这样，才更加需要我们共同去创造。我是应该回去的。"

在新中国成立之际，和钱学森一样，许多海外游子也归心似箭。比如数学家华罗庚便选择了回国，在通过深圳罗湖口岸前，他发表了《致中国全体留美学生的公开信》，信中说道："中国是在迅速进步着。1949年的胜利，比一年前人们所预料的要大得多，快得多……朋友们，梁园虽好，非久居之乡，归去来兮！……为了抉择真理，我们应当回去；为了国家民族，我们应当回去；为了服务人民，我们也应当回去；就是为了个人出路，也应当早日回去。建立我们的工作基础，为我们伟大祖国的建设和发展而奋斗！"这封信令钱学森无比激动，他的一腔热血也沸腾起来——回到祖国去，建设我们的国家！

这一年圣诞节前夕，钱学森又收到父亲的来信，钱均夫在信中说，中国已发生了翻天覆地的变化，希望他早日归来，"生命仰有根系，犹如树木，离不开养育它的一方水土。唯有扎根其中，方能盛荣而不衰败。生命之根，当是养育汝之祖国"。父亲的来信更加坚定了钱学森回国的决心，他长久地重复一句话："我的根在中国，我要回去！"

不过，钱学森在美国还有不少未了的工作，而且蒋英当时怀着女儿永真，行动不便，所以跟朋友谈起时，他只是说打算回国一趟，把父亲接到香港，再回美国——钱学森明白，在当时的情况下，他不能直截了当地说回中国之后就不再来美国了。

钱学森先是辞去一些敏感的职务，然后去找加州理工学院院长杜布里奇请假，他说："您应该知道，我在中国有年迈的父亲，我已经很多年没有见到他了。当然，打仗的时候，我是不可能回去的，但现在我也许可以回去了。而且我的父亲要做手术，我准备请假回国，但是请假的时间长短我不能具体告诉您，这取决于我父亲的健康，大概是几个月。"

杜布里奇认为钱学森请假的理由合情合理，便同意了。

2. 怀疑的乌云

正当钱学森满心欢喜地做着回国准备时，万万没想到"一片怀疑的乌云"已悄悄向他袭来。

第二次世界大战结束后，美国一方面在国际上与苏联对抗，另一方面在国内清除所谓的"共产主义意识形态"，打击进步势力。一个名叫约瑟夫·麦卡锡的参议员声称，他掌握了一份在美国政府各个部门里工作的 205 名共产党人的名单。很快，以麦卡锡为首的狂热反共分子，对很多无辜的美国人及在美国的外国人展开了追查，实施残酷的迫害。

加州理工学院不可避免地被列为观察对象，凡从 1936 年到 1939 年在这里生活过的人，都被视为不可靠的危险分子。

早年钱学森经马林纳介绍，曾参加过加州理工学院的马克思主义学习小组，并因此结识了小组书记、化学物理助理研究员威因鲍姆。在每周的例会上，他们经常讨论时事，反对法西斯战争，支持中国抗日。

在这期间，父亲在来信中一再讲到国家的屈辱、民族的仇恨，钱学森读到这些信，不禁义愤填膺。让他稍感欣慰的是，这个马克思主义学习小组的成员，都非常同情中国人民所遭受的痛苦。他们谈论社会、国家与世界大事，抨击法西斯与军国主义；这里有的是温暖的友谊与广阔的胸怀。后来，钱学森在回忆自己参加这个马克思主义学习小组的活动时说："在我的这个朋友圈子中，有一批极有政治远见的学者，我在他们之中度过了青春期的那段时光，虽然很短暂，但是很美好。"遗憾的是，在第二次世界大战全面爆发后不久，这个小组的学习活动也终结了。

1950年6月6日，美国联邦调查局的人来到钱学森的办公室，指出钱学森20世纪30年代在加州理工学院的几个朋友都是共产党员，在威因鲍姆家中的聚会实际上是共产党的小组会议。他们在1938年的一份小组成员名单里发现了约翰·德克尔的名字，认为这是钱学森的化名，强行要求钱学森提供证据，指证威因鲍姆是共产党员。钱学森毫不畏惧地表示，他从未听说过约翰·德克尔这个名字，也不可能作证指控威因鲍姆是共产党员。当年联邦调查局的报告写道："钱学森说，作为一名科学家，他是根据事实来判断一个人的价值和忠诚的，这些模糊的事实难以确认一个人的忠诚或政治信仰。据此，他难以对别人进行臆测。"

同一天，美国军方吊销了钱学森的安全认可证，并要求加州理工学院禁止钱学森从事任何与美国军事机密相关的研究工作。而古根海姆喷气推进研究中心的研究工作大多与军事有关，这也意味着作为中心主任的钱学森，不能在自己负责的机构里从事研究工作了。钱学森感到无比寒心，同时也对美国失望至极，他的心更加向往自己古老而新生的祖国。

1950年6月16日，威因鲍姆遭到逮捕，钱学森也再次受到美国联邦调查局的审查盘问，但他拒绝回答任何问题，只是提交了一份声明，声明中写道："当年我成为一位受欢迎的客人的情景已不复存在，一片怀疑的乌云扫过我的头上，因此，我所能做的就是离开。"

钱学森还把这份声明作为辞呈，同时提交给加州理工学院。加州理工学院的院长杜布里奇当时兼任美国政府的科学咨询委员会主席，为了留住钱学森，他四处奔走，希望相关部门举行一次听证会，证明钱学森的清白，让钱学森继续安心从事原来的研究工作。但是，美国当局虽然无法确切地证明钱学森是共产党员，但仍然将他视为清查对象。对此，杜布里奇无奈地说："这简直是再荒谬不过的事情，一个伟大的火箭和喷气推进专家在这个国家里，无法在他所选择的领域中得到工作机会。"

第六章　艰难曲折的归国路

3. 金布尔的阻挠

钱学森那份离开美国的声明交上去后不久，太平洋彼岸爆发了朝鲜战争，美国的"麦卡锡主义"借此愈演愈烈。1950年6月27日，美国介入朝鲜战争，同时以武力阻挠中国人民解放台湾，下令美国第七舰队开往台湾海峡。这促使钱学森加快了离开美国的准备。

当时从美国回中国，只有驶往香港的轮船，飞往香港的航班则屈指可数。钱学森原本想携家人搭乘8月31日从旧金山经洛杉矶驶往香港的美国邮轮"威尔逊总统"号，可惜船票早已预售完，机票也难以买到。急于离开的钱学森只得预订了8月28日从加拿大首都渥太华飞往香港的机票。

订好机票后，钱学森马上收拾东西，委托一家名叫白金斯的打包公司给行李打包，按照当时美国的习惯，准备托运的行李要由托运者先把物品装入防水的纸箱里，然后由打包公司运走，在公司的仓库里装入结实的大木箱，以防在长途运输中损坏。装好大木箱后，打包公司再把木箱运往码头，交付轮船运至香港，再从香港转运到上海。

　　这时在杜布里奇等人的斡旋下，美国政府决定8月23日就联邦调查局对钱学森的指控举行听证会。8月21日，钱学森从洛杉矶飞往华盛顿，他的律师认为，8月23日举行听证会，准备时间太仓促，建议推迟。于是，8月23日下午，钱学森乘飞机从华盛顿飞回洛杉矶，没想到刚下飞机，美国移民局的一名官员已经先于他到达洛杉矶机场，交给他一份限制出境的公文，上面写着："凡是在美国受过高端武器设计这一类教育的中国人，均不得离开美国，因为他们的才能会被利用来反对在朝鲜的联合国武装部队。"这就意味着钱学森无法离开美国。

　　钱学森无比震惊，也无比愤慨。他知道，美国移民局的动作之所以如此迅速，肯定是金布尔在幕后操纵，他不由得想起这几天他与金布尔的两次会面。

　　钱学森于8月21日飞到华盛顿后，拜访了当时美国海军部副部长丹尼尔·金布尔。金布尔曾经担任喷气工程公司的执行副总裁兼总经理，可以说与钱学森是旧相识，对钱学森的学术成就相当了解，曾说"钱学森是美国最优秀的火箭专家之一"。这次见面，金布尔对钱学森十分客气，极力劝说他留在美国，并推荐了一名律师为其在听证会上辩护。由于律师认为准备辩护的时间太仓

第六章 艰难曲折的归国路

促,听证会推迟。8月23日,钱学森再次来到金布尔的办公室,告诉金布尔由于美国无理取消他的安全认可证,他决意离开美国,返回中国。金布尔一听,觉察到事态的严重,直接对钱学森说:"你不能走,你太有价值了!"他劝钱学森三思而行。在尴尬、不愉快的气氛中,钱学森结束了与金布尔的谈话。

华盛顿之行,钱学森一无所获。因为时间紧迫,离他从渥太华飞往香港只有五天的时间了,何况他还必须留出从洛杉矶飞往渥太华的时间。所以,当天下午他就匆匆乘飞机赶回洛杉矶,没想到一下飞机就收到了被限制出境的公文。

后来钱学森才知道,他刚离开金布尔的办公室,金布尔就打电话给移民局:"绝不能放钱学森离开!那些对我们至关重要的情况,他知道得太多了。我宁愿把他枪毙,也不能放他回红色中国去!"他一度失去理智地对着话筒狂吼,声嘶力竭地喊出了后来为世人所知的那句话:"无论到哪里,他都抵得上五个师!"

一个钱学森抵得上五个师,这就是金布尔对钱学森的价值估算。因为金布尔深知"千军易得,一将难求"的真谛,所以他才想尽一切办法阻挠钱学森回中国。

对于自己回国遭到无端阻挠,钱学森无比愤怒,据理力争。海外侨民回归自己的国家乃天经地义，在一个自诩崇尚自由与人权的国家，这种自由竟然被无理剥夺，真是岂有此理！但他的抗议被美国当局直接忽视了。随后，美国海关非法扣留了他的全部行李，强行构陷，说他那800公斤重的书籍和笔记本中藏有机密材料。美国的舆论机构还向全世界发布了一条新闻，声称一名共产党间谍企图携带机密逃离美国。在这种情况下，钱学森只好退掉飞机票，一家人又被迫回到加州理工学院。而美国联邦调查局则派专人监视钱学森一家的行动。

4. 难逃无妄之灾

美国当局出示的所谓"证据"令钱学森既愤怒又好笑，他在报纸上发表声明："我想带走的只是一些个人笔记，其中多数是我上课的讲义，以及未来我研究所需要的资料。我不打算带走任何机密，或者试图以任何不被接受的方式离开美国。"针对报道中宣称他的行李中夹带"密码""蓝图"之说，他解释说："这里头没有重要书籍、密码书籍或者蓝图，那只是一些草图、一些对数表，不过这可能被误认为是密码或暗号。"但这些声明在美国当局的

第六章 艰难曲折的归国路

威权之下无比苍白无力，钱学森的处境越来越险恶。终于有一天，牢狱之灾降临到他的头上。

1950年9月7日傍晚，几名警务人员按响了钱学森家的门铃。他们腰间佩有手枪，还拿着手铐，气势汹汹，来者不善。他们向钱学森出示了美国移民局签发的命令，指控他隐匿共产党员的身份，于1947年非法来到美国。鉴于美国严禁精神病患者、毒品犯及共产党员等人员入境，而钱学森在1939年加入了美国共产党，所以他在1947年的入境就是非法行为。现在看来，为了阻止钱学森回国，美国政府可谓挖空心思、无所不用其极。

面对如此荒唐的指控，蒋英愤怒地注视着这些警务人员。钱学森则表现得很镇静，他对蒋英说："没事的，让我跟他们走！"他回屋整理出简单的生活用品和笔记本，吻别妻子和儿女后，被夹在两个美国人中间离开了。

第二天，这个令人震惊的消息传遍了世界——钱学森被美国当局拘捕。

钱学森被关押在洛杉矶以南特米那岛上的美国移民局拘留所里，这里戒备森严，四周的高墙上满布电网，四面临海，牢房里既阴暗又潮湿。关押在这里的大多是墨西哥的越境者，他们只会说西班牙语，钱学森跟他们很难沟通。开始几天，狱方不准他会见任何人，也不准他与任何人联系。看守人员把他当作一个犯人,进行了毫无人道的折磨,不许他和别人说话,每隔 15 分钟便跑来开一次电灯,查看他在做什么,使钱学森无法正常休息。被关押半个月后,钱学森的身心遭受到严重摧残,体重骤降 14 公斤。

蒋英每每回想起当年去特米那岛拘留所看望钱学森的情景,都忍不住落泪。她说:"我去看他时是他关在里头的第十二天,他瘦得很,脸色很苍白,憔悴得不得了,眼睛没有生气。……我跟他说话,可他一句话也不说,我就奇怪了,他怎么不说话呀,也没有叫我的名字。原来他失声了,失去了语言能力。后来我去接他出来的时候,他还是一句话也不说。我跟他说:'回家了,孩子们都好,你放心。'他只知道点头。"

在钱学森被关押期间,蒋英抱着刚出生两个月的女儿,拉着还在蹒跚学步的儿子,四处奔走求援,盼望钱学森能早日脱险归来。他们家四周布满了联邦调查局的特工人员,但这位坚强的女性没有掉一滴眼泪,也没有惊慌失措。钱学森被带走后,她立即拨通了钱学森在加州理工学院的同事们的电话,告诉他们钱学森被捕的消息。大家知道后都无比震惊,他们不相信美国当局强加在这位正直的科学家头上的罪名,冒着风险向蒋英伸出援助之手。

加州理工学院院长杜布里奇写信给海军部副部长金布

尔，请求释放钱学森，并亲自到华盛顿去见司法部长，说明钱学森无罪，希望当局予以释放。金布尔接到信后，从华盛顿来到洛杉矶，会见了钱学森的辩护律师、加州理工学院的法律顾问库珀。金布尔建议释放钱学森，库珀去移民局拘留所与钱学森谈了几次话后，建议由军方和政府举行一次非正式的初步会商，以"确定事实真相"。库珀希望通过这次会商，让检察机关明白事情的真相，以便将钱学森先行保释。

冯·卡门也中断了在欧洲的访问，提前回到美国，他联络加州理工学院的师生与各界人士，向美国移民局提出抗议，呼吁立即释放钱学森。

在各方的压力下，美国移民局只得同意钱学森保释出狱，但前提是缴纳1.5万美元的保释金。9月23日，钱学森终于获释，结束了15天的牢狱之灾。而这起震惊全美的"钱学森事件"也让留美的中国学生、知识分子看清了美国当局的险恶用心和丑陋手段，纷纷决定提前回国。

5. 漫漫等待何时休

钱学森被保释后，仍然受到美国联邦调查局和移民局的管制。按照麦卡锡法案,美国联邦调查局和移民局对钱学森一家实施监视与跟踪。根据其规定,每个月钱学森都要到移民局报到一次,以证明他没有逃离美国;移民局还限定他的活动范围只能在洛杉矶,超出这个范围都要向移民局申报。联邦调查局的特工还经常在钱学森的住所周围"巡视",拆检其来往信件,监听他家的电话。

在这期间,为了查清钱学森是不是共产党员,美国联邦调查局和移民局还多次举行所谓的"听证会",审讯钱学森。可是,在听证会上,他们拿不出任何确凿的证据。两个雇佣的证人在钱学森的反驳下,证词漏洞百出,时而说他就是约翰·德克尔,时而又说他们"不认识"钱学森。

检察官是个极端反共的人士,在一连串例行提问后,他突然问钱学森忠于哪个国家的政府。律师抗议说:"这个提问对澄清钱学森是不是共产党员没有直接意义。"但法官裁定"抗议不成立",执意要钱学森回答。

钱学森略加思考,回答道:"我是中国人,当然忠于中国人民。因此,我忠诚于对中国人民有好处的政府,同时敌视对中国人民有害的任何政府。"

检察官继续追问道:"你所说的'中国人民'是什么意思?"

钱学森从容应答:"四万万五千中国人。"

检察官咄咄逼人地追问:"中国现在分成了两部分,我问你,在台湾的国民党政府和在大陆的共产党政府,你忠于哪一个?"

钱学森说:"我就是按照前面所说的准则,决定我应忠于谁。"

检察官又问道:"你在美国这么长时间,你敢发誓说你是忠于美国政府的吗?"

钱学森回答说:"我的行动已经给出了这个问题的答案,在第二次世界大战中,我用自己的知识帮助美国做事。"

检察官继续追问:"你目前要求回中国大陆,那你会用你的知识帮助大陆的共产党政权吗?"

钱学森大义凛然地答道:"知识是我个人的财产,我有权决定把它送给谁。"

检察官又问:"那么你不会让政府来决定你必须忠诚的对象吗?"

钱学森义正词严地说:"不,检察官先生,我忠于谁是由我自己决定的。难道你的意愿都是美国政府为你决定的吗?"

检察官一时哑口无言。第二天,洛杉矶的报纸详细报道了这次听证会，标题极具讽刺意味——"被审讯的不是钱学森，而是检察官"。

时任加州理工学院国外学生委员会主席吉宝教授后来回忆此事时说："钱学森一点也没有不忠于美国的表现，他对中国的忠诚，更甚于对美国的忠诚，但那是中华民族的优秀传统。美国警察拘禁他，对他的伤害非常大，使他觉得在美国不受欢迎是意料中的事情。"

为了获得自由，为了返回祖国，钱学森与美国当局进行了不屈不挠的斗争。

那时美国当局为了确认钱学森是否在家，经常让人冒名给他家打电话进行核实，有时甚至直接上门。有一次，一个特工人员敲开钱学森的家门，一看到钱学森就说："啊，对不起，先生，我想我可能走错门了。"

钱学森冷冷地说："你没有走错，先生！我在家好好的，你大可放心。"特工人员正要转身离开，钱学森又说："我觉得，干你们这一行的，应该学聪明一些，怎么能用欺骗小孩子的办法来对付一位教授呢？"特工人员听了满脸羞惭，匆匆离去。

有时他们又假扮成记者，"跟踪采访"钱学森，企图从他嘴里套出点什么来。对付这一招，钱学森也有自己的"武器"。一天，一个鬼鬼祟祟的人跟踪钱学森，声称是当地某报社的记者,要求采访钱学森,了解他出狱后的工作和生活状况。钱学森没有正面作答,只是说:"对不起,我没听说过这家报社,也从不读那些充斥低级趣味的报纸。"那个"记者"听了,尴尬不已。

晚年钱学森回忆说:"当年我对那些特务毫不客气,总是说得他们抬不起头来。他们知道我的厉害以后,再也不敢接近我,只得远远地监视我。"话语间颇有些得意。

1950年11月初,美国联邦调查局经过两个多月的反复筛查"研究",判定钱学森的八大箱行李中没有机密文件,只好又将行李退还给钱学森。这八大箱行李发还后,钱学森一直没有打开过,随时准备托运回国。而蒋英也将需要随身携带的日用品装进三个手提箱,一旦获准回国,提起箱子就可以离开。

不过,美国检方仍然没有撤销对钱学森的指控。1951年4月26日,帕萨迪纳移民局通知钱学森,法院经过审理,认定他"曾经是美国共产党党员的外国人"。根据美国国家安全条例,凡是企图颠覆美国政府的外国人,都必须驱逐出境。

钱学森本就打算离开美国,根本无须美国驱逐,反倒是美国军方不肯轻易放他回国。此时,中美两国正在朝鲜战场上对抗,美国军方怎会轻易将世界著名的火箭专家送还中国呢?所以,他们要求暂缓钱学森出境,继续将他扣留在美国,目的是让钱学森掌握的火箭知识在日新月异的科技时代变得过时无用。

就这样,钱学森依然处于无限期的软禁之中,这样的日子整整持续了5年之久。近2000个日夜的软禁生活,使钱学森承受着难以想象的精神压力,幸好他还有亲人的陪伴与鼓励。

钱均夫得知儿子在美国遭到监禁,写信勉励他说:"吾儿对人生知之甚多,在此不必赘述。吾所嘱者:人生难免波折,岁月蹉跎,全赖坚强意志。目的既定,便锲而不舍地去追求;即使弯路重重,也要始终抱定自己的崇高理想。相信吾儿对科学事业的忠诚,对故国的忠诚,也相信吾儿那中国人的灵魂永远是觉醒的……"

妻子蒋英原是高音歌唱家,但她不得不暂时在家做起了全职太太。她不想请保姆,因为一旦请了保姆,美国联邦调查局就会审问保姆,给他们的生活再戴上一副枷锁。所以,她决定一人承担起照顾丈夫和两个孩子生活的重担。

被人锁定监视的生活虽然阴暗,但钱学森对回国始终充满信心。他常常和蒋英一人吹笛,一人弹吉他,共同演奏 17 世纪的古典室内音乐，以排解生活的苦闷。这乐音是他们夫妻情感的共鸣，更是一种无形的力量，代表了这对夫妻的坚韧意志和品格，给了他们勇气和信念。

6.《工程控制论》的诞生

在被软禁的日子里，钱学森虽然不再担任加州理工学院古根海姆喷气推进研究中心的主任，但仍是航空系的教授。除了给学生上课外，大部分时间他都待在家里，埋头做自己的科学研究。为了减少美国当局的干扰，让钱学森有一个安静的研究环境，蒋英将书房里的沙发搬进卫生间。每到晚上，钱学森便在卫生间里挑灯夜战，而在外面监视的美国特工还以为他已经睡觉了。

这段时间，钱学森把目光转向了一个新的研究领域——工程控制论。一是因为他没有了过去的实验研究条件，不得不选择只需要数学手段的理论研究课题；二是因为工程控制论与美国国防机密毫无关系，这似乎是在向美国联邦调查局表明他完全改行了。

"控制论"一词最早见于 1948 年美国数学家诺伯特·维纳所著的《控制论》，这本书还有一个副标题——"关于在动物和机器中控制与通信的科学"。从书名可以看出，控制论既涉及机器，也涉及动物，主要研究一个系统的各个不同部分之间相互作用的性质以及整个系统的运动状态。其中的哲学思想深奥难懂，人们很难通过它发现其与科学技术之间的联系。苏联还将该书定性为"反动的伪科学"。另外，因为维纳在《控制论》中将动物与机器相提并论，引起了宗教人士的不满，认为这有损造物主和人的尊严。钱学森凭借自身拥有的研究火箭技术的丰富经验，敏锐地认识到《控制论》的价值，意识到其与火箭制导工程问题的相通性，可以运用控制论原理来解决工程技术中的一些问题。他很快发现，不仅在火箭技术领域，而且在整个工程技术的范围内几乎都存在被控制或被操纵的系统；事实上，有关系统控制的技术已经有了很大程度的发展。

对钱学森来说，时间就是生命，他没把时间荒废在庸庸碌碌而不知终点的漫长等待中，而是抓紧时间从事新学科的研究。他以一种崭新的更为广阔的视野，从技术科学思想的高度出发，把控制论推广到工程技术领域，创立了"工程控制论"这门新的学科。

1953年年底，钱学森在加州理工学院开设了一门新的课程——工程控制论。这是一个全新的领域，需要融会贯通电子、力学、通信等各类学科，还有"正负反馈""用不完全可靠的元件组成高可靠性系统"等新鲜的概念，学生们都感到耳目一新。

　　1954 年，钱学森的《工程控制论》一书由美国麦格劳·希尔图书出版公司出版。钱学森在书中系统揭示了《控制论》对自动化、航空、航天、电子通信等科学技术的意义与影响。由于他没有触及人类与动物的尊严问题，研究的都是有关技术科学的内容，所以《工程控制论》很快为科学界所接受，同时也极大地促进了人们对维纳《控制论》的理解。科学界认为，钱学森的《工程控制论》是这一领域的奠基式著作，是继《控制论》以后又一个辉煌的成就。

　　是金子，放在哪里都会发光。钱学森把蒙受冤屈的痛苦抛在一边，全身心地投入工程控制论的研究中，在这个新的领域又收获了累累硕果，为人们提供了新的思路，用"更宽阔、更缜密的眼光去观察老问题，为解决新问题开辟意想不到的新前景"。

7. 巧寄求助信

　　就在钱学森开拓了工程控制论这一新的科学领域时，太平洋彼岸的朝鲜战场正硝烟四起。战争断断续续地进行了 3 年之久，直到 1953 年 7 月 27 日，美国终于在停战协定上签了字。

1954年4月,美、英、法、中、苏五国外长在日内瓦举行会议,讨论和平解决朝鲜问题和恢复中南半岛和平问题。中国政府任命周恩来总理为出席日内瓦会议代表团的首席代表,这是新中国第一次以五大国的身份出现在世界政治舞台上。这次会议之后,中美两国针对各自扣押的对方人员的释放问题举行了会谈。中国代表为驻波兰大使王炳南,美国代表为驻捷克斯洛伐克大使尤·阿·约翰逊。

中美大使的第一次会谈只进行了15分钟,但这毕竟是两个没有建交的国家举行的大使级会谈,因而引起了世界各国的关注。此后,中美两国不定期在日内瓦举行的会谈,成为双方在"冷战"期间一个重要的外交通道,也为钱学森日后回国起了关键作用。

1955年8月2日,中美大使级会谈继续举行。约翰逊在会谈中说:"美国人民非常关心仍被拘留在中国的美国人,其中大部分被关在监狱里,有的得不到出境许可。现在还有36位'美国平民'被拘押,此事影响了美国人民及政府对中国的态度。"约翰逊随即把36人名单交给王炳南。

王炳南则针锋相对地指出,在美国的中国侨民,绝大多数家属都在中国大陆。但因为美国政府的限制,他们不能自由返回祖国，无法回归他们的家庭。这个问题不仅是他们迫切要求解决的问题，也是中国人民和中国政府极为关切的问题。

约翰逊当场否认此事，宣称美国政府在 1955 年 4 月就取消了扣留中国学者的法令，允许他们自由往返。

王炳南当场揭穿了约翰逊的谎言："请问大使先生，既然美国政府早在今年 4 月就取消了扣留中国留学生和学者的法令，为什么中国科学家钱学森博士还在 6 月 15 日写信给中国政府，请求帮助回国呢？显然，中国留学生和学者要求回国依然遭受美方的种种阻挠。据回国的旅美学者报告，钱学森被禁止离开他所在的城市。"

同时王炳南还出示了一封钱学森的亲笔信。约翰逊看了钱学森的亲笔信后，无言以对，表示马上向美国政府转达。

8 月 8 日，在第四次中美大使级会谈中，约翰逊告诉王炳南，在他们举行第三次会谈期间（8 月 4 日），美国移民局就已签署文件同意钱学森离开美国，并于 8 月 5 日通知了钱学森本人。也就是说，在 8 月 2 日王炳南向约翰逊亮出钱学森的亲笔信两天后，美国政府被迫同意钱学森回国。

王炳南在会谈中展示的钱学森的亲笔信，成为钱学森一家能够回国的关键性文件。那么，远在美国且处于软禁之中的钱学森,是怎么寄出那封请求中国政府帮助他回国的信件的呢?这还得从3个月前说起。

1955年5月,钱学森在一张海外华人的报纸上,看到了有关中国"五一"国际劳动节的报道,其中有他熟悉的陈叔通与毛泽东等许多党和国家领导人一起站在天安门城楼上检阅游行队伍的消息。钱学森的父亲钱均夫在求是书院读书时就认识陈叔通,两家是世交。这个消息使钱学森激动不已,仿佛让他看到了曙光,他决定给陈叔通写信,请求他施以援手。

为了使信件安全地送到陈叔通手中,钱学森颇费了一番心思。1955年6月15日,钱学森先写好草稿,然后端端正正地抄写到信笺上。信中写道:

叔通太老师先生:

　　自1947年9月拜别后未通信,然自报章期刊上见到老先生为人民服务及努力的精神,使我们感动佩服!学森数年前认识错误,以致被美政府拘留,今已5年。无一日、一时、一刻不思归国参加伟大的建设高潮。然而世界情势上有更重要更迫急的问题等待解决,学森等人的处境是不能用来诉苦的。学森这几年唯以在可能范围内努力思考学问,以备他日归国之用。

　　但是,现在报纸上说中美有交换被拘留人之可能,而

第六章 艰难曲折的归国路

美方又说谎,谓中国学生愿意回国者皆已放回,我们不免焦急。我政府千万不可信他们的话,除去学森外,尚有多少同胞,欲归不得者。从学森所知者,即有郭永怀一家,其他尚不知道确实姓名。这些人不回来,美国人是不能释放的。当然我政府是明白的,美政府的说谎是骗不了的。当然我们在长期等待解放,心急如火,唯恐错过机会,请老先生原谅,请政府原谅!附上《纽约时报》旧闻一节,为学森五年来在美之处境。

在无限期望中祝您

康健

钱学森谨上

1955 年 6 月 15 日

当时,钱学森并不知道陈叔通的通信地址,只能寄往上海,然后由父亲转寄。但是,如果从美国直接寄信给父亲,风险很大,因为美国联邦调查局会拆开审查,万一被他们查知信件内容就麻烦了。于是,钱学森把这封信装在一个信封里,在信封上写上父亲在上海的地址,然后把这封信夹在蒋英寄给她妹妹的信中。蒋英的妹妹蒋华当时侨居比利时,从美国寄往比利时的信件,不易引起美方注意。蒋英请妹妹收到这封信后,从比利时转寄到钱学森父亲家中。

为了确保这封信能够顺利寄达，钱学森让蒋英模仿儿童的笔迹，用左手在信封上写下妹妹的地址，使联邦调查局的特工人员认不出那是蒋英的笔迹。

寄信时，为了避开特工的监视，钱学森和蒋英带着两个孩子佯装上街闲逛，来到离住所很远的一个大商场。然后，钱学森在门口引开特工，蒋英则进入商场，趁人不注意把信投进商场的邮筒里。

就这样，这封信躲过了美国联邦调查局无处不在的"眼线"，安全到达比利时。蒋华收到信后，马上将这封不同寻常的信转寄中国。几经周折，钱学森这封信终于送到了陈叔通手中，又被转交给周恩来总理。

周恩来阅信后，马上找来正要赴日内瓦参加中美大使级会谈的王炳南，郑重地说："炳南同志，这封信很有价值。这是一个铁证！它说明美国当局至今仍在阻挠旅美华人和留学生回国。你要在谈判中用这封信揭穿他们的谎言，争取让钱学森这样的科学家早日回国。"在钱学森的"暗度陈仓"与周总理等领导人的周密部署下，就有了上文中王炳南与美国代表约翰逊的对质。

1955 年 8 月，钱学森接到美国移民局的通知，对他的管制令已经撤销，他可以自由离境了。作为交换条件，11 名被中方俘虏的美国飞行员也顺利抵达夏威夷机场。对于这件事，周恩来总理曾经说过："中美大使级会谈虽然没有取得实质性成果,但我们毕竟就两国侨民问题进行了具体的建设性的接触。我们要回了一个钱学森,单就这件事来说,会谈是值得的、有价值的。"

8. 永别了,美国

经过5年的企盼、5年的斗争,钱学森终于迎来了欢欣的日子,他自由了,也可以回国了。想到自己终于要离开这块既给自己知识和才能,又使自己蒙受凌辱与折磨的土地,钱学森又爱又恨的心情久久难以平静。整整20年,他经历了荣誉与屈辱、厚爱与冷遇、成功与失败、欢乐与灾难。

钱学森事后了解到中国最高领导层对他回国问题的关注及为此做出的种种努力后,动情地说:"假如没有中华人民共和国,恐怕我还得流落异乡,饮恨终身。"

回国的最近一班邮轮是"克利夫兰总统"号,时间是1955年9月17日,因为洛杉矶不是始发港,只剩下三等舱的票。归心似箭的钱学森,担心再有变故,决定坐三等舱回国。

临行前,钱学森专程去向恩师冯·卡门告别。他把自己的两部著作《工程控制论》和《物理力学讲义》送给冯·卡门作为纪念，冯·卡门则在自己的一张近照上写了"不久再见"几个字，再签上自己的名字，作为礼物送给钱学森。钱学森告辞时，冯·卡门深情地说："钱，我为你感到骄傲，你创立的工程控制论对现代科学事业的发展有巨大的贡献，可以说你在学术上已经超过了我。回你的祖国效力去吧，科学是不分国界的。"这一年，冯·卡门74岁，钱学森44岁，这次分别后，他们再也没有见过面。

1955年9月7日，陈叔通给钱学森发来一封电报，表达了来自祖国的关怀："您6月15日的信件收到。美国驻日内瓦大使通知：禁止你离开美国的命令已经取消，你可以随时离开美国，电告归期，告知我任何困阻。"钱学森一家乘坐"克利夫兰总统"号邮轮离开美国时，他又收到了父亲发来的一封简短电报，叮嘱他："望小心保重，沿途勿登岸。"实际上，这封电报并非钱均夫所发，直到钱学森去世后，人们才知道，这封电报由中国外交部发出。原来，为了防止钱学森在回国途中遭到美国特务的暗算，又不致引起美国联邦调查局的注意，中国外交部决定以钱均夫的名义发出这封电报，提醒钱学森注意安全。由此可以看出祖国对钱学森的重视。

1955年9月17日，钱学森带着妻子蒋英及儿子钱永刚、女儿钱永真，早早来到码头。这一天恰好是钱学森与蒋英结婚8周年纪念日，在这一天踏上归途可算是喜上加喜。

这一天,《帕萨迪纳晨报》以特大字号的通栏标题"火箭专家钱学森今天返回红色中国"报道了这一新闻,钱学森社会各界的朋友、喷气动力实验室以及加州理工学院的同事,都赶到码头欢送钱学森。很多记者也闻讯赶来采访,他们七嘴八舌提了诸多问题,但总结起来无非是钱学森为何会被关押、回国后有什么打算,等等。对此,钱学森一并回答道:"我很高兴能回到自己的国家,我不打算再回美国。我已经被美国当局刻意地延误了回国的时间,其中原因,建议你们去问美国政府。将来我要竭尽全力同中国人民一道建设自己的祖国,使我的同胞能够过上有尊严的幸福生活。"他在说到"尊严"一词时特意加了重音,其中蕴含的许多辛酸和苦痛难与外人道也!

应记者的要求,他们在甲板上留影。照完相后,美国当局向钱学森宣布,他在旅途中不能离船,否则他们将不能对他的人身安全负责。钱学森自然理解这些威胁性语言的含义:在船上,他依然被当作犯人对待。

送行的人很多,一些朋友难以走近,钱学森一家只好在甲板上向他们挥手致意。

加州理工学院院长杜布里奇没有到码头来送行,他对钱学森的离去十分惋惜,并说了一句意味深长的话:"钱学森回国绝不是去种苹果树的。"对于钱学森的离去,冯·

卡门感叹道："美国把火箭技术领域最伟大的天才、最出色的火箭专家钱学森，拱手送给了红色中国！"一心想要阻止钱学森回国的金布尔，得知钱学森离开美国后，愤怒地说："这是美国做过的最愚蠢的事情之一。"无论何种情绪，在钱学森登船离开美国的刹那都失去了意义，但它们至少证明钱学森在科学界的关键地位以及他带给新中国未来的无限机遇……

"克利夫兰总统"号准时起航，钱学森终于有了拨开云雾见天日、守得云开见月明的感觉，他在心里默念："再见，美国！不，永别了，美国！"

第七章　航天事业的奠基人

我们是白手起家,我们必然会遇到困难。对待困难,只有一个办法——认真!只要大家认真,没有登不上去的高峰,没有克服不了的困难。

1. 回归祖国怀抱

时间倏忽而逝，自 1935 年钱学森乘坐"杰克逊总统"号去美国求学，转眼 20 年过去了，他从一个渴望获取知识、为国效力的青年成长为一位享誉世界的空气动力学家。然而，时间又过得很慢，从远离祖国去海外求学到迫不及待地回国的这 20 个春秋，其中的辛酸和艰难只有他自己才能体会。

钱学森站在"克利夫兰总统"号邮轮的甲板上，海风畅爽，海浪拍击着船舷，也敲击着他的心扉。20 年学得的科学技术，就要找到它真正的用武之地了，祖国母亲正在召唤他，他怎能不兴奋！

邮轮上的乘客大多是中国留学生，航行的第三天，大家组织起一个"同学会"，并印制了一份《克利夫兰轮第六十次航行归国同学录》,钱学森的名字被列在首位。大家在甲板上围坐一周,畅谈回国后的理想,憧憬着光明的未来。

1955年10月1日是新中国6周岁生日,前一天则是中国的传统佳节中秋节。留学生们虽然仍在太平洋上航行,却难掩内心的激动。他们一起来到甲板上,欢赏圆月,欢度国庆。受众人推举,钱学森在清朗的月光下,在海浪的拍击声中,发表了演讲。被美国当局折磨了几年,他似乎已经嗅到了故土的气息,略显疲惫的脸上洋溢着幸福满足的微笑。看着年轻人精心制作的五星红旗,他动情地说:"亲爱的同学们,今天,是我们中华人民共和国成立6周年纪念日。这是一个振奋人心的日子。以前,我们遭受非法拘禁,无法为她增光添彩。如今,我们回来了,马上就要回到她温暖的怀抱。我们一定加倍地工作,为使她更加富强而贡献我们的一切!⋯⋯"

同时,他又极其兴奋地把在美国报刊上搜集的关于国内建设的情况,向大家一一做了介绍。他诚恳地说:"祖国一些机关的领导干部都是身经百战的老同志,他们对祖国解放功不可没。我们回国之后,要尊重这些老同志,虚心接受他们的领导,与他们搞好合作。"

经过20多天的海上航行,1955年10月8日清晨,"克利夫兰总统"号邮轮缓缓驶入香港。钱学森心情激动,很早就起床，收拾完毕后注视窗外，看着越来越近的香港，他的眼睛渐渐湿润了。后来他写道："我热切地望着窗外，经过这 20 年漂泊在美国的岁月之后，现在我终于要回到家乡了。"

当时的香港正处于英国的统治之下，社会情况十分复杂，为了让钱学森等中国学者及留学生安全回国，中国政府通过设在香港的中国旅行社与香港当局联系，派驳船直接去接钱学森等人，然后把他们安全送到九龙登岸。

当钱学森一行来到九龙，准备搭乘火车前往深圳时，一大群闻风而来的记者已经守在候车室里，要求采访钱学森。钱学森不想为此耽误时间，但又无可奈何。一名香港记者用英语采访钱学森，钱学森说："我想每个中国人都应该学会讲中国话。"记者说："我只会讲广东话和英语。"钱学森接着回答："我想普通话在中国用得很普遍，而你是中国人，应该学会讲普通话！"

当天中午，钱学森跨过了罗湖桥。他用诗一般的语言描述了这个难忘的时刻："那是我们的国旗，那样光明，在阳光下闪耀着。瞬间，我们全都屏息而视，眼中涌上了泪水。我们值得骄傲的国家，有着 4000 多年（5000 年）文明的国家！"后来，他在写给好友郭永怀的信中回忆当时的心情，这样说道："今天是足踏祖国土地的头一天，也就是快乐生活的头一天！"

香港《大公报》的记者正好用镜头捕捉到了钱学森一家从香港步上深圳罗湖桥的一幕。照片上的钱学森与人们想象中的火箭专家有所不同，他一手拉着7岁的儿子，另一只手则提着一把吉他。

钱学森一家受到了祖国同胞的热情接待，在广州参观了新中国建设的成就后，他们一路北上，由家乡杭州到上海，终于与阔别多年的家人和亲朋好友团聚一处。

10月28日，钱学森一家从上海来到了魂牵梦绕的首都北京。到北京的第二天，钱学森便和家人一起来到天安门广场。看着招展鲜艳的五星红旗，他情不自禁地感叹道："我相信我一定能回到祖国，现在我终于回来了！"从此，钱学森开启了他伟大人生中另一个崭新的篇章。

2. 投身航天事业的序曲

回国之初，钱学森原计划到高等院校从事教学工作，同时继续进行科学研究，但新中国对他的期望显然不止于此。

为了让钱学森更全面广泛地了解新中国的情况，中国科学院首先安排他到东北地区进行为期一个月的参观考察。东北地区是当时中国最大的工业基地，中国科学院副院长吴有训告诉钱学森，东北地区有中国科学院的一些研究所，并且有很多新建的工业企业，到那里走一走、看一看，对于了解我国工业生产的情况会有所帮助。

1955年11月22日至12月21日，在中国科学院代表朱兆祥的陪同下，钱学森从东北的哈尔滨沿铁路南下，一直到港口城市大连、旅顺，参观了当时全国最大的钢铁厂、化工厂、水电站、炼油厂、煤矿、冶炼厂、机床厂、汽车厂、电机厂、飞机厂等，访问了一些大学与研究所，并在几所大学作了学术报告。

这次考察访问对钱学森认识我国的现状十分重要。首先，他看到了新中国成立6年来社会主义建设事业欣欣向荣、快速发展的情况，感受到中国共产党强大的组织领导能力。其次，通过这次考察，他完成了对组建力学研究所、发展力学事业的构思。尤其是在哈尔滨工业大学、长春机电研究所、沈阳东北工学院的三场讲演，使他更加完整地勾勒出自己的设想。

在哈尔滨参观时，钱学森提出到哈尔滨军事工程学院（简称"哈军工"）看看，因为那里有他的两个老朋友——罗时钧和庄逢甘，他们是钱学森在美国加州理工学院时的学生。哈军工培养的是军队的高级工程技术人才，研究当时先进的军事工程技术，对外严格保密。这项活动并没有列入钱学森东北之行的计划中。朱兆祥将钱学森的要求向黑龙江省委作了报告。他们回到宾馆后,黑龙江省委打来电话,说哈军工请示了北京,非常欢迎钱学森到学院参观指导。

11月25日上午,钱学森一行来到哈军工。出乎他意料的是,专程来欢迎他的竟是学院院长陈赓大将,陈赓清晨乘专机从北京特地赶来接待钱学森。身为副总参谋长的陈赓,一直关注他的动向,这是钱学森没有想到的。

陈赓曾经在朝鲜战场指挥部队与美军作战,深知中美之间武器装备上的巨大差距。得知钱学森回国后,他曾向彭德怀建议:哈军工有懂航空、火箭的专家和教授,也有教学仪器和设备,如果请钱学森去参观一下,再听一听他对中国研制火箭的意见,那再好不过了。彭德怀很赞成陈赓的建议,在征得毛泽东主席和周恩来总理的同意后,他转告陈赓,可以请钱学森到哈军工参观。陈赓还没来得及通过中国科学院向钱学森发出邀请,哈军工就打来请示电话,陈赓爽快地说:"我们军事工程学院敞开大门欢迎钱学森先生的到来。对于钱先生,我们没有什么秘密要保守的。"

之后,陈赓一路作陪,带领钱学森参观了风洞实验室、炮兵工程系、空军工程系、海军工程系。其间,钱学森与任新民、周曼殊、金家骏等人谈得十分投机。任新民是当时哈军工的炮兵工程系副主任,在火箭实验室,他指着一个 10 多米高的架子对钱学森说:"不怕钱先生笑话,我们做比冲实验,方法很原始;另外用火箭弹测曲线,也是笨办法上马。"钱学森对哈军工克服困难进行火箭研究表示惊讶与赞赏,他对陈赓说:"任教授是你们的火箭专家,我今天有幸认识了他!"这以后,钱学森与任新民开始了愉快的合作,并结下深厚的友谊。

在参观哈军工的陈列馆时,钱学森看到了从朝鲜战场上缴获的美军飞机、坦克以及带有无线电引信的炮弹,陈赓笑着说:"钱先生,这都是美国人的东西,对于你来说应该不以为奇了。"钱学森回答道:"这是我们的战利品,我对它非常感兴趣,这跟我在美国见到它的意义大不一样啊!"

接着,钱学森在室外一个小火箭试验台前停了下来。这是一个十分简陋而又原始的固体燃料火箭试验装置,钱学森极感兴趣地与正在安装调试的教师讨论起来。

陈赓在旁边问道:"钱先生,您看我们现在能不能自己造出火箭和导弹来?"

钱学森底气十足地答道:"有什么不能的,外国人能造出来的,我们中国人一样能造得出来,外国人并不比我们中国人高一截。"

陈赓听了钱学森的话,非常惊讶,继而又兴奋起来。他紧紧握住钱学森的手,说:"好呀!就等你这一句话呀！"

当天晚上，陈赓在大和旅馆宴请了钱学森。宴会上，他们谈论的主要话题是导弹。钱学森表示，如果新中国着手研制300~500公里射程的导弹，弹体及燃料问题花2年时间可望解决，关键在于自动控制技术，恐怕难以短时间内突破。陈赓听了痛快地说："钱先生的话让我心里有了底，我们一定要搞自己的火箭、导弹。我可以表个态，我们哈军工将全力以赴，要人出人，要物出物，钱先生只要开口，我们义不容辞！"说完，他站起来，举起酒杯慷慨说道："我提议，大家共同举杯，为欢迎钱先生参观我们学院，为发展我们中国自己的火箭、导弹事业，干杯！"

在这个平凡而又极有意义的夜晚，新中国的火箭、导弹事业扬帆起航了！

多年之后，钱学森才知道当年陈赓大将是带着周恩来和彭德怀的指示，专程赶回哈尔滨，就中国发展火箭和导弹问题请教自己的。或许正是这次参观及与陈赓的谈话，决定了钱学森后来致力于发展我国导弹与航天事业的生涯。

3. 创办力学研究所

结束了东北的参观回到北京后,钱学森经过深思熟虑,向中国科学院提出了组建力学研究所的方案。这个力学研究所实际上是按照工程科学的模式来组建的,它不只限于力学,还包括了自动控制、运筹学、工程经济、物理力学等新学科,计划在弹性力学、化学流体力学、物理力学、塑性力学、流体力学和运筹学等方向上大展宏图。

钱学森认为,有许许多多的新技术,比如自动化工厂、航天技术、冲击波化学、核聚变、风力工程、光能利用、定向爆破、农业工厂以及气象工程等能够在新中国发展,并且能够建立起许多与这些新技术相应的影响国计民生的技术学科,前景非常广阔。也就是说,他要将国外最先进的力学发展动态介绍给国人,而且要培养一批人,这批人作为将来的技术人才,进一步将它发扬光大。

1956年1月5日,中国科学院召开院务会议,专门审议了钱学森提出的组建力学研究所的方案。会议认为,成立力学研究所的条件已经成熟,并决定任命45岁的钱学森为力学研究所所长。

从钱学森踏入国门,到力学研究所建立,只用了不到三个月的时间,这个速度在中国科学院是前所未有的。钱学森担任力学研究所所长到20世纪80年代初,任职期间,他完整地创建了新的力学领域,对中国力学事业的发展起了非常重要的作用。

新建的力学研究所超出了传统力学研究的范畴,完全按照钱学森关于技术科学的思想建立,实际上是一个综合性的技术科学研究所。很快,钱学森就在北京中关村科学城扎下了营盘。当时,隶属于中国科学院数学研究所的力学研究室条件十分艰苦,没有单独的办公场地。力学研究所成立后,大家只好挤在数学研究所一角的几间办公室里,钱学森的办公室里只放了一张旧办公桌和一张硬板床。

此时中国的力学研究尚处于起步阶段,人才十分匮乏。钱学森一边培训力学研究所的人员,一边寻觅人才。力学研究所成立不久,钱学森在中国科学院化学研究所的礼堂里为200多名科技专家讲授工程控制论。刚刚大学毕业的戴汝为也在其中,他被钱学森敏锐、深邃的科学思想深深折服了,更让他佩服的是,这位在美国生活了20年、刚刚归国的科学家与常见的"留洋派"截然不同,他在整个讲课过程中没有夹杂一个英文单词,全是流利的中文。实际上,在异国生活了20年后,钱学森对中文的掌握已远不如英文。戴汝为至今还记得钱学森多次虚心地向人请教英文单词的中文意思。"为了用中文讲课,他下了很大的功夫。这是他爱国之情的自然流露。"

为了办好力学研究所,钱学森决定邀请远在美国的好友郭永怀教授回国工作。郭永怀也是一位力学专家,是中英"庚子赔款"基金会第七届留英公费生,他先是在加拿大的多伦多大学学数学,后来加入美国加州理工学院古根海姆喷气推进实验室,在冯·卡门教授手下工作。1956年2月,钱学森给郭永怀写了一封信,信中说:"我们现在为力学忙,已经把你的大名向科学院管理处'挂了号',自然是到力学研究所来,快来,快来!……请多带几个人回来,这里的工作,不论目标、内容和条件方面都是世界先进水平,这里才是真正的科学工作者的乐园!"钱学森的呼唤之声仅短短数言,而渴望之情却已溢于言表。

没过多久,两个至交好友便携手在中关村的力学研究所工作了。经钱学森推荐,郭永怀担任力学研究所副所长,开始了他们并肩奋战的12年。

在力学研究所,人们经常可以看到钱学森早出晚归的身影,他每天忙个不停,不是找人讨论、开会、筹建实验室,就是闭门苦读、奋笔疾书,他似乎有耗不完的精力、使不完的劲。

刚刚担任力学研究所所长时,钱学森就带领研究生开展了多项力学研究与教学工作。有的时候,他亲自给研究所的青年讲授流体力学；更多的时候，他会利用假期在北京各个高校作演讲，他每到一处，都会引起全场轰动。

但长时间的奔波劳顿，也使钱学森感到有些力不从心。一天，他在回家的路上突然想到，如果成立一个专门的培训班，就可以系统地培养专业力学人才，这或许比自己疲于奔命、四处演讲的效果要高出许多。

不久，在钱学森的张罗下，中国第一个专业力学班诞生了。力学班的培养目标是高层次师资和研究人员，学制为2年，虽然没有说明是否给予学位，但事实上是准备按照苏联的模式培养副博士。力学研究所和清华大学组建了一个班委会，班主任是钱学森，副班主任是钱伟长，这个班的地址选在西直门的中国科学院植物所内。后来，这个力学班培养了很多科技人才，为中国核科学和太空工程的发展打下了很坚实的根基。

4. 信任与重托

在忙于筹建力学研究所的同时，钱学森又在彭德怀、叶剑英、陈赓等军队领导人的支持下，秘密为中国导弹事业的起步运筹谋划。

彭德怀十分重视导弹研制工作。陈赓在哈军工接待完钱学森后,迅速飞回北京,向彭德怀汇报了钱学森认为中国人可以自己搞导弹的信心和看法。陈赓还表示,钱学森在美国从事了十多年飞行力学、空气动力学和火箭导弹技术的研究,他非常有信心地认为中国一定能造出自己的火箭和导弹。陈赓说得铿锵有力,语言也极富鼓动性,彭德怀听得心潮澎湃,恨不能马上见到钱学森,亲自向他请教几个问题。

1955年12月26日,在陈赓的陪同下,彭德怀会见了钱学森。双方见面后,彭德怀直奔主题,开门见山地对钱学森说:"我们不想打人家,但如果人家打过来,我们也不能平白无故让人家打。我们能不能先搞出一种短程导弹,比方说射程500公里,这需要什么样的人力、物力以及设备条件?大概需要多长时间才能造出来?"

钱学森思考片刻,回答道:"搞导弹当然不是一件容易的事情,需要有一支专门负责研究设计的队伍,还要建一些地面试验设备,有专门的加工制造工厂,原材料也需要全国有关部门大力支持。至于人力和物力,这需要仔细估算一下。而时间嘛,美国从军方开始支持研制导弹,到发射第一枚导弹,用了10年左右的时间。我想,我们可以比他们快,5年时间我想是可以的。"

彭德怀听了激动地说:"就是当掉裤子,也要上导弹!"随后,他又"请教"了一些导弹方面的技术性问题,钱学森

第七章 航天事业的奠基人

的讲解浅显易懂，彭老总听得津津有味，并对陈赓说："我们的军队不能老是'土八路'，也要搞点洋玩意，你安排钱先生给高级干部们讲讲课。"

1956年1月，在陈赓的安排下，钱学森连续几天在北京总政排演场为解放军的将帅们作火箭技术的讲演。贺龙、陈毅、聂荣臻等多位元帅都兴致勃勃地坐在台下听讲，当起了学生。由此可见，军队对高科技武器是十分重视的。

1956年2月初，叶剑英会见并宴请钱学森夫妇，还邀请了陶铸作陪。在这次会面中，他们对火箭和导弹问题进行了探讨，叶剑英希望钱学森能在科学技术上主持这项工程。钱学森立刻表示，感谢中央领导的信任，他一定努力为之。为国效力是他多年的夙愿，强国是他梦寐以求的理想。叶剑英见时机已经成熟，起身说："今天是周末，周总理他们现在可能在'三座门'（军委办公地）跳舞，我们现在就去找他。"

他们来到"三座门"，周恩来总理和一些中央领导同志果然都在这里。叶剑英走过去向周恩来汇报他们刚才的谈话内容，周恩来一边听一边点头，笑着说："好啊！我非常赞同你们的想法。"说罢，周恩来走向钱学森，热情地握着他的手说："学森同志，刚才叶帅向我谈了你们的想法，我完全赞成。现在就交给你一个任务，尽快将你的想法写成书面意见，提交中央和军委讨论。"

钱学森听到周恩来称自己为"同志",顿感亲切踏实。他从周恩来那炯炯有神的目光中,体会到了中国共产党和中国人民对自己的信任和重托,十分感动。他尽力平复内心的起伏,只说出两个字:"好的。"这就是"钱学森意见"的由来,也是中国火箭、导弹研究的开端。

1956年2月17日,在毛泽东"向科学进军"的伟大号召及周恩来的热情鼓励下,钱学森起草的关于《建立我国国防航空工业的意见书》送到了周恩来的案头。为保密起见,钱学森用了"国防航空工业"这个词代表火箭、导弹及后来的航天事业。钱学森提出,必须选派高校毕业生到苏联去学习导弹、火箭制造工艺,同时请苏联专家为我国设计制造导弹、火箭的一系列工厂,准备到1958年生产我国自制的导弹和火箭。钱学森认为,健全的航空工业,除了制造厂以外,还应当有一个强大的为设计服务的研究及试验单位,应当有一个做长远及基本研究的单位。这几个部门应当由一个机构统一领导,做全面规划及安排工作。意见书中还列出一个人员名单,是可以调来参加这项事业的21位高级专家,其中包括哈军工的专家任新民、梁守槃、庄逢甘、罗时钧、卢庆骏等人。

周恩来很重视钱学森的意见,2月21日,他逐字逐句审阅了这份意见书,对个别标点、字句进行了修改,并在标题下署上"钱学森"的名字。他还在呈给毛泽东的关于那份意见书的报告上写道:"即送主席阅,这是我要钱学森写的意见,准备在今晚谈原子能的时候谈一谈。"

新中国领导人对导弹和火箭事业的重视以及对钱学森的信任,使钱学森意识到,中国的导弹和火箭事业即将起飞,他为了回到新中国被美国政府软禁了5年,这个代价在民族、国家的自强面前是值得的。为了实现自己多年的心愿,不负新中国的重托,他必须扛起中国国防航空事业的大旗。

5. 毛泽东的座上宾

1956年1月30日至2月7日,中国人民政治协商会议第二届全国委员会第二次全体会议在北京召开。这次会议除了原有的委员外,又新增了多位委员。从美国归来才三个多月的钱学森,名列新增委员之中,应邀参加这次大会。这是他首次在中国政治舞台上亮相。

2月1日晚上,毛泽东主席宴请全国政协委员,钱学森的席位被安排在第三十七桌。然而到了宴会厅,钱学森在第三十七桌却找不到自己的姓名牌。这时,工作人员找到他,说明情况后领着他来到第一桌,他看到在毛泽东座位的右首——第一贵宾的位置,赫然写着自己的大名!

钱学森既震惊又激动,这次宴会不仅党和国家领导人全部出席,而且各界知名人士众多,他居然能受到如此高规格的礼遇。事后他才知道,是毛泽东在审阅宴会名单时亲自将他的名字从第三十七桌换到了第一桌。

这是钱学森与毛泽东主席的第一次近距离接触。宴会一开始,毛泽东就指着钱学森,笑着对大家说:"他是我们的几个'王'呢!什么'王'?'工程控制论王''火箭王'。各位想上天,就找我们的'工程控制论王'和'火箭王'钱学森。"

随后他又转过脸,伸出五个手指头对钱学森说:"听说美国人把你比作五个师呢!我看呀,对我们来说,你比五个师的力量大得多。我现在正在研究你的工程控制论,用来指挥我们国家的经济建设。"

毛主席的平易近人,使钱学森渐渐放下紧张和拘谨。这是他一生中最难忘的时刻。记者拍下了他和毛主席交谈的照片:钱学森穿一身中山装,脸上洋溢着畅快的笑容;毛主席则用赞赏的目光,微笑地看着他。

席间,毛主席很自然地与钱学森聊起导弹和火箭。毛主席说:"我们国家决定依据你的工程控制论,组织各个部门一起全力搞导弹。学森同志,我想请你这个工程控制论的创始人来牵这个头,你有信心吗?"

钱学森紧张地说:"主席,这么重要的任务,我怕自己干不好啊！"

毛主席举起筷子，在空中用力一挥："你钱学森是工程控制论的开山鼻祖，还怕干不好？"

在毛主席磅礴气势的感染下，钱学森终于给出坚定答复："主席，请放心，我一定努力干好。"随后，他与毛主席谈起了火箭和导弹问题："关于火箭和导弹的问题，假如苏联遵守与我国签订的协议，他们提供的模型能够尽快运来，我们在5年内将会有一个很大的突破，力争把第一枚导弹送上去。因为我们对工程控制论的研究远远走在他们前面，而研制火箭、导弹，无论如何也离不开工程控制论。如果离开工程控制论，火箭、导弹的研制工作将寸步难行！如果他们拖拉应付，我们也没什么好怕的，至少我们有火箭、导弹的理论基础，有比较完善的工程控制论作指导。现在关键是火箭的燃料问题，苏联虽然答应给我们，可是迟迟没有送来。"

毛主席听到这里，略微皱了皱眉头。钱学森没有注意到毛主席的表情，接着说："依据工程控制论，我们准备先搞图纸与模型的小规模试验，在不依靠外援的基础上拿出我们自己的东西。就像刚才总理说的，我们搞火箭、导弹，包括搞卫星，要有立足于国内的思想准备。当然，这里最重要的是全国大力协作，使工程控制论的研究更加完善。"

毛主席听到这里，高兴地说道："学森同志，你谈得非常好，目前我们搞尖端技术，和打仗是一样的，我们现在正在打一场工程控制论的硬仗！我们以前的辽沈、平津、淮海三大战役为什么能取胜，就是用了'集中优势兵力，各个击破敌人'的战略思想。学森同志，事实上，这也是你的工程控制论在军事上的运用，只是当时还没有这个名词罢了！"

钱学森笑着说："这样看来，主席才是工程控制论的创始人啊！"

毛主席摆了摆手，说："我不过是不自觉地在战争上用了你的工程控制论，工程控制论的创始人当然还是你呀！我哪能贪为己功呢！"

这一天是意义非凡的一天，从这天起，钱学森成了毛主席的座上宾。在新中国历史上，一位政治巨人和一位科学巨人的握手，预示着一场巨大的变革即将开始。

6. 万丈高楼平地起

党和国家领导人的关怀和信任，使钱学森有了前所未有的动力，也让他感到肩上的责任之重，他决心尽自己所学来报效祖国，壮大中国的国防航空工业，使中国强大起来。

然而，理想很美好，现实却很残酷。当时的中国一穷二白、百废待兴，别说制造火箭、导弹，绝大部分领导和科研人员连导弹长什么样子都不知道，这座"大厦"该如何着手搭建呢？钱学森很有压力，但他没有失去信心，中国古语有云："九层之台，起于垒土；千里之行，始于足下。"大厦总要从第一块基石开始，他坚信大厦会很快搭建起来！

在钱学森归国一周年之际，即1956年10月8日，国防部第五研究院在北京紫竹院西南一个僻静的小礼堂里宣告成立，钱学森任院长。参加成立大会的除了几十位共和国将帅，还有156名刚刚毕业的大学生。

在这次大会上，聂荣臻元帅宣读了中央军委的命令，并发表了慷慨激昂的讲话，勉励大家发扬自力更生、奋发图强的精神，认真学习研究，大力发展新中国的导弹事业。

接着，钱学森也发表讲话："同志们，我们是白手起家，我们必然会遇到困难。对待困难，只有一个办法——认真！只要大家认真，没有登不上去的高峰，没有克服不了的困难……导弹标志着一个国家的国防地位，我们要有心理准备，做强大的国防背后的无名英雄吧！"

开完成立大会，钱学森开始了他的第一项计划——"扫盲"。这156名大学生来自全国各地，他们的专业有化工、物理、纺织、文史……没有一个人学过导弹，而且他们在来这里之前，根本不知道要来干什么！现在明确了要做的事业后，有些人害怕了，心里开始打退堂鼓。对此，钱学森早有准备，他带着平易近人的微笑，对这些学生说："急什么？慢慢学嘛！我也不懂，如果都像你们一样被导弹吓跑，那咱们中国就从此不造导弹了？这么大的中国，这么优秀的文化，没有导弹，可是对不起咱们的老祖宗啊！"

钱学森从院长变成了班主任，从最基础的知识开始，一点一滴地向这些年轻人讲解什么是卫星、什么是导弹、什么是航天科学。他渊博的知识和深邃的思想，使学生们几乎着迷了。

成立大会的第一堂课，钱学森讲得通俗易懂。科技干部听了，不觉得浅显；军队领导干部听了，不觉得晦涩。他以自己独特的魅力和表达方式，为大家打开了导弹的神秘之门。

这种学习班连续办了三期，后来这个具有"扫盲"性质的培训班出了很多火箭、卫星专家。

不过，以当时中国贫穷落后的现状，要搞尖端科技仍是十分艰难的。没有仪器设备，没有图纸资料，没有技术人才，就连院址都是现选现定，一切从零开始。作为国防部第五研究院的首任院长，钱学森深知自己的使命，他事必躬亲，从院址选定、设备购置、计划制订到人员配备，甚至哪个机器上的零件坏了，他也要操心更换事宜。在第五研究院，他以自己扎实的理论知识、坚强的意志和坚定的信心，带领全院人员稳扎稳打，迎难而上，最终加快了中国走上科技兴国道路的步伐，被人们尊称为"中国航天事业的奠基人"。

7. 赴苏联谈判

导弹技术作为国防尖端科学技术之一，一直是各国秘而不宣的核心机密。1956年8月，国务院副总理李富春写信给苏联部长会议主席布尔加宁，"请求苏联对中华人民共和国在导弹制造研究和使用方面给予援助"，但苏联政府迟迟未予答复。

1956年年底，受苏联国内形势变化等多种因素的影响，在毛泽东等党和国家领导人的争取下，苏联对我国发展导弹技术的援助事宜出现了转机。

1957年6月18日，聂荣臻作为国防科技工业领域的领导者抓住这个机遇，通过苏联驻华经济技术总顾问阿尔希波夫，再次提出国防尖端科研领域的援助需求。令人欣喜的是，需求提出后立即得到苏联方面的响应。随后，苏联正式邀请中国派一个高级代表团前往莫斯科谈判。

9月，苏联答应提供两枚教学用的导弹样品，接收50名中国留学生到苏联学习火箭专业，并派5名苏联教授来华教学。但这显然与中国的请求相差甚远。在继续争取苏联给予援助和合作的同时，中国加紧筹建自己的研究队伍，探索适合中国国情的发展导弹之路。

9月3日，经中共中央批准，赴苏联谈判代表团正式成立。聂荣臻元帅被任命为代表团团长，出发前，他向毛泽东主席请示谈判代表的名单。毛主席说："聂老总，你是代表团的团长，你的代表团应该包括新式武器和军事技术装备，还有原子工业的人员。另外，钱学森同志必须去，很多事情只有他才搞得懂。"

为保密起见，代表团对外的名称为"中国政府工业代表团"，三机部部长宋任穷、副总参谋长陈赓为代表团副团长，团员有钱学森、李强、刘杰、万毅、王诤、张连奎、刘寅；同时还选派了13名原子能、飞机、电子等方面的技术专家为顾问。

9月7日，代表团飞往莫斯科。经过一个多月的谈判，双方于10月15日签署了《关于生产新式武器和军事技术装备以及在中国建立综合性原子工业的协定》（简称"中苏国防新技术协定"，又称"10月15日协定"）。其中关于导弹工业的部分规定：苏联将在1957年底至1961年底，向中国供应 P-2 等导弹的样品和技术资料，帮助中国进行导弹研制和发射基地的工程设计，派遣技术专家协助中国仿制导弹，并增加中国派赴苏联的火箭与导弹专业的留学生名额。

钱学森作为代表团的成员之一，引起苏联各界的注意，因为苏联也十分了解钱学森的学识和阅历，他在 1945 年曾经作为美国国防部科学咨询团的上校，和冯·卡门等人考察了德国的导弹基地，并审问了德国的导弹专家。同时，钱学森也是代表团中唯一的火箭、导弹专家。当时苏联导弹还处于仿制德国导弹的阶段，所以，在参观苏联导弹基地时，苏联方面不时地请钱学森到大学作讲座，或者安排他与苏联科学家见面。他们对钱学森说："那些导弹你在德国、美国都见过，不值得去参观。你曾经担任美国加州理工学院古根海姆喷气推进中心主任，不必要浪费时间去参观那些你不屑一顾的东西。"

访苏期间，苏联科学院邀请钱学森作讲座，钱学森就工程控制论作了演讲，因为一年前他的著作《工程控制论》俄文版刚在苏联出版。他对工程控制论的见解引起了苏联科学家的极大兴趣。

这次访苏，中国代表团已基本把握了苏联方面的态度与意向，考虑到苏联提供的技术援助十分有限，聂荣臻和钱学森决定在导弹研制工作中采取"先仿制，后改进，再自行设计"的策略。

8. 光荣入党

作为一名爱国的科学家,钱学森为了回到祖国与美国政府不懈地抗争了5年;他不是共产党员,却因为热爱祖国而被美国反共势力强行扣上"共产党员"的"帽子"。不过,"共产党员"对他确实是一个备感亲切的称呼。

1955年9月,钱学森在归国途中,轮船停靠菲律宾马尼拉港时,有记者问他:"你到底是不是共产党员?"钱学森回答:"共产党员是无产阶级的先进分子,我现在还没有资格做一名共产党员呢!"

回国以后的亲身经历,使钱学森对共产党有了更加深入的了解,他渐渐产生了加入中国共产党的想法,希望以一名共产党员的身份为中国的社会主义建设服务。

1958年1月的一个晚上,钱学森来到中国科学院党组书记张劲夫家中,向他郑重提出了入党的要求。张劲夫很赞同钱学森的想法,让他找两个入党介绍人,于是钱学森找到中国科学院秘书长杜润生和力学研究所的杨刚毅。同时,他还写了一份长达7页的"思想检查",介绍自己在国外的经历以及回国后的思想情况。

为了成为一名合格的共产党员,钱学森踊跃参加了北京郊区的支农活动,他觉得这样能拉近自己与群众的距离。他虽然是著名的科学家,出身于富裕的旧官僚家庭,在美国生活多年,但他一直很节俭,家里的家具十分简单,生活也很朴素,总是穿中山装。尽管还没有加入中国共产党,但他已经开始以共产党员的标准来严格要求自己了。

1958年10月,在钱学森回国的第三年,力学研究所党支部通过了他的入党申请。1959年1月,经中国科学院党委批准,钱学森成为中国共产党预备党员,并于同年11月12日转正。

转正的前一夜,钱学森彻夜未眠。30年以后,他仍对当晚激动的心情记忆犹新:"在新中国成立10周年时,我被接纳为中国共产党的一员。这个时候我的心情非常激动,我是一名中国共产党党员!我激动得整晚都没有睡着觉!"

入党以后,钱学森的工作热情更加高涨。为了创建我国的导弹事业和卫星事业,他奔走于中国科学院和国防部第五研究院之间,协调解决科研和工程上的许多重大问题;他用自己倡导的技术科学思想,在两者之间架起一座桥梁,后来又进一步提炼出"研制"的概念,将两者的工作更密切地结合起来,为我国"两弹一星"的成功研制做出巨大贡献。

身为著名科学家,钱学森一直受到众人的赞誉和尊敬,但他从不居功自傲,心里始终装着国家与人民。这是很多熟悉他的人都知道的。三年困难时期,人民生活相当困难。有一次,因为钱学森工作劳累,炊事员给他做了一份红烧肉,没想到一向和颜悦色的钱学森看到红烧肉后,批评炊事员说:"你知不知道,当前全国人民的生活都非常困难,连毛主席、周总理都不吃肉了,你居然给我做红烧肉,这怎么行?党性哪里去了?"

钱学森一生获得过很多荣誉,但他认为自己最大的荣誉就是加入中国共产党。他始终以共产党员的标准严格要求自己,坚持学习马克思主义理论。他说:"我在美国是学自然科学工程技术的,一心想用自己学到的科学技术救国,不懂得政治。回到祖国后,我通过学习才慢慢懂得马克思主义,懂得点政治,感到科学与政治一定要结合。"

他在给一位友人的信中说:"我近30年来努力学习马克思主义哲学,并总是试图用马克思主义哲学来指导我的工作。马克思主义哲学是智慧的源泉……即使是纯技术工作,也是有明确政治方向的,不然,技术工作就会失去动力,从而迷失方向。"钱学森的党性与觉悟值得我们后人学习借鉴。

第八章 "两弹"结合传佳音

> 正确的结果,是从超多错误中得出来的,没有超多错误做台阶,也就登不上最后正确结构的高座。

1. 疾风知劲草

1957年12月,苏联按照《中苏国防新技术协定》将一个负责导弹测试、发射等操作训练的缩编导弹营,以及两枚P-2近程导弹和一套地面设备,秘密送达北京。钱学森立即带领国防部第五研究院将研究重点转向仿制苏联的P-2近程导弹。中国第一枚导弹"东风一号",就是根据苏联提供的教学与科研导弹研制的。

P-2导弹全长17.7米,最大直径1.65米,起飞质量为20.5吨,射程为590公里。全弹由头部、稳定裙、液氧贮箱、酒精贮箱、仪器舱、中段壳体、尾段和发动机等部分组成,尾部有四个梯形尾翼。推进剂为液氧与酒精,弹头采用常规装药。

当设计图纸在办公桌上铺开时,仿制小组中除了钱学森,没有几个人看得懂图纸上绘的是什么。钱学森便化身

第八章 "两弹"结合传佳音

为讲师,一边用手中的小棍指着导弹的不同部位,一边耐心地根据图纸给大家讲解。

因为总装厂还没有建好,导弹被临时放在一家医院的药库里。第五研究院的同事们纷纷跑去看那稀奇古怪的东西,看着庞大的弹体、复杂的机器,他们既兴奋又紧张,不约而同地想一个问题:如此复杂的"大家伙",自己能造得出来吗?

钱学森看出了大家的疑虑,斩钉截铁地说:"同志们,我们将来一定也能造出自己的导弹,他们能造,我们就能造得比他们更好!"

可是,眼前的图纸他们都看不懂,该如何着手仿制呢?钱学森的目光停在了谢光选、梁守槃两个技术骨干的脸上,说:"要仿制,必须先把这个'大家伙'拆开,我看拆卸导弹的事,我们这些只上过讲台的人恐怕不行。小谢、老梁他俩都在兵工厂干过,比我们懂行。"

"钱院长既然这么说,这活我是推不掉了,老梁,咱俩就接了吧!……怎么不说话呀?"年轻气盛的谢光选边说边把目光投向沉稳站在一旁的梁守槃。梁守槃环视四周,看到众人投过来的目光,佯装叹了口气,说:"看来我是想推也推不了啦。不过这事要以小谢为主,我打打下手没问题!"

"行,这就定了,小谢能者多劳吧!"钱学森满意地拍着谢光选的肩膀说。

导弹仿制工作由此全面展开，所需设备的引进工作跟不上，国家就采取措施从第三国采购，并加派工程部队，抽调空军、海军的技术力量加快工程的进度。

1960年，正当"东风一号"导弹的研制工作进行到关键阶段，苏联单方面毁约，撤走了全部苏联专家，并带走所有图纸和设备，中国的导弹研制工作顿时陷入困境。

看着正在制造的导弹零件和机房没有完工的机器部件，第五研究院的所有人都有黑云压顶的压抑感。

在苏联专家撤走的第二天，聂荣臻元帅紧急会见了钱学森等专家，他急切地问钱学森："钱院长，你觉得我们的事业还能继续下去吗？"

眼看聂荣臻既担忧又期盼的神情，钱学森欲言又止，他默默地对自己说："我能行，我们能成功！"这样打定主意后，他便以坚定的语气对聂荣臻说："能，当然能！"聂荣臻激动地握着他的手说："赫鲁晓夫把我们逼上梁山，那我们就自己干！靠别人是靠不住的。今后，中共中央就寄希望于我们自己的专家了！"聂荣臻的一席话，给了钱学森等人很大的鼓舞。

会见结束后，钱学森一头钻进办公室，他召集几位总设计师并宣布："同志们，现在我们没有了依靠，我们要自己干！"

中国从此踏上了自力更生研制导弹的道路。

钱学森以前在美国学的是火箭发动机，虽然在帕萨迪纳也研究过发动机，但那只是试验而已。如今，历史使命推着他必须研究出一台可以使几百吨的导弹飞上天的"导弹心脏"，为此，他全身心地投入疯狂的工作中。那段时间，他一天只睡三个多小时，每天都在基地忙碌。哪里有困难，他就到哪里去，经常一干就是一个通宵。

苏联专家刚刚撤走，屋漏偏逢连阴雨。当时正值我国三年困难时期，粮油肉蛋等都是定量供应，由于缺乏营养，钱学森和很多技术人员都患上了浮肿病。聂荣臻得知这一情况后，给有关部门打电话，要求为第五研究院的技术人员增加豆制品和肉蛋的供应，保证他们的蛋白质摄入量。这一关切的举动让钱学森和工作人员感动不已。

终于，在钱学森的带领下，第五研究院的技术人员克服无数难关，破解了苏联专家遗留下来的许多难题，于1960年11月成功仿制出Ｐ-2导弹——"东风一号"。

1960年11月5日，荒寂的戈壁碧空如洗，万里无云，"东风一号"导弹屹立在戈壁滩上。这是中国仿制的第一枚导弹，凝聚着钱学森及其同事们两年多的心血！

试射就要开始了，聂荣臻亲临发射场，为首次发射试验剪彩。钱学森与聂荣臻并排坐在一起，望着导弹发射架，心潮起伏。

一声令下，火箭腾空而起……

"导弹命中目标！"终于，弹着区传来振奋人心的消息。这枚代号为"东风一号"的火箭，全程飞行550.407

公里，历时 7 分 37 秒。

现场技术人员和解放军官兵听到弹着区的反馈后情不自禁地欢呼起来。聂荣臻、张爱萍等人与钱学森热烈握手，互致庆贺。聂荣臻在随后的致辞中自豪地说："在祖国的地平线上，飞起了我国自己制造的第一枚导弹，这是我国军事装备史上一个重要的转折点。"

这次导弹试射成功，为日后导弹事业的发展奠定了坚实的基础。从此，钱学森带领第五研究院，为我国的导弹事业创造了一个又一个奇迹……

2. "改正为副"

仔细研究钱学森在国防部第五研究院的履历，我们可以发现，和一般人的履职经历迥异，他先任院长，后任副院长。这是怎么回事？常言道：人往高处走，水往低处流。为什么钱学森的"官"越当越小？

在美国，钱学森担任过加州理工学院航空系主任，也担任过加州理工学院古根海姆喷气推进研究中心主任。美国科研教学机构的这些职务不要求他处理太多行政事务，所以他可以专心致力于研究工作。然而，中国不一样，担任正职的领导要处理很多行政事务。随着导弹事业的发展和第五研究院规模的逐渐扩大，尤其到 1960 年，几千名领导干部和技术干部、上万名大学生进入第五研究院,这使钱学森的行政事务越来越多。当时他不仅担任国防部第五研究院院长,还兼任力学研究所所长,又是国内首屈一指的火箭专家,不仅要亲自解决技术上出现的许多问题,还要为中国的导弹事业"扫盲",操心研究院全体员工的柴米油盐问题,甚至机关幼儿园的报告也得由他批示,弄得他哭笑不得:幼儿园的事情我哪里懂呀?

针对这种情况,钱学森给聂荣臻写信请求"改正为副",以便专心搞科学研究和技术攻关。聂荣臻考虑实际情况后,报请上级批准钱学森的请求。于是,周恩来总理再次签署任命书,任命钱学森为国防部第五研究院副院长,国防部第五研究院院长由空军司令员刘亚楼兼任,空军副司令员王秉璋兼任第一副院长,主持常务工作。后来,王秉璋又改任第五研究院院长。

通常人们视副职转正为仕途升迁,而钱学森却反其道行之,从正转副,只求有利于工作。此后,他只担任副职,由国防部第五研究院副院长到第七机械工业部副部长,再到国防科学技术委员会副主任等。没有了琐事缠身,他终于可以聚精会神地投入科研项目之中了。

钱学森就是这样,从不考虑自己的"地位"问题,也不考虑会降低什么"级别""待遇",他唯一考虑的是科技的发展与国家的需求。如果不是工作需要,他宁可什么"官"也不当。他常常说:"我是一名科技人员,不是什么大官，那些官的待遇，我一样也不想要。"此外，他从不参加剪彩仪式、鉴定会、开幕庆典，也不为人题词、写序，不兼任任何顾问、名誉顾问之类的荣誉性职务。

钱学森"降职"后，我国的"两弹一星"事业捷报频传，成绩辉煌，人们没有因为钱学森是副职就忽视他的巨大贡献。作为中国的"火箭之父"和"航天之父"，他的卓越功勋家喻户晓，享誉全国。对此，钱学森说："我作为一名中国的科技工作者，活着的目的就是为人民服务。如果人民最后对我一生所做的各种工作表示满意的话，那才是最高的奖赏。"

3. 千磨万击还坚劲

由于中国第一枚导弹"东风一号"射程很短，不能用来发射原子弹、氢弹，钱学森提出，必须进一步研发高能燃料，加大导弹的推动力和速度。在苏联专家撤走一个月后，他将一份命名为"东风二号"的导弹研制方案上交中央军委。方案得到批准后，第五研究院便开始了紧张的研制工作。

1962年春节前夕，由中国自主设计制造的"东风二号"中近程导弹，在试车台上试车，结果令人十分满意。春节过后，"东风二号"导弹被运到了试验基地发射场。

当发射场控制室发出"15分钟准备"的命令时，根据规定，所有待在现场的人员都应当进入掩蔽部，但是很多人因为心情过于激动，又偷偷跑了出来。

开始进行倒计时，所有人凝神屏息。当计时器上闪现数字"0"时，指挥员下达了"点火"的命令。只见那颗绿色的导弹在烈焰中腾空而起。"成功啦！"胜利的喜悦掠过所有人的心头。可就在这时，导弹忽然脱离轨道，像步态凌乱的醉汉，歪斜晃荡着掉在距离发射场600米处的地方，将地面砸出一个大深坑。大家既震惊又痛心，发射现场的气氛降到冰点，所有人陷入沉默……

得知发射失败后，钱学森立即从北京总指挥部飞往基地，调查事故原因。在众人面前，他表现得十分镇定，实际上内心承受着无比巨大的压力。聂荣臻看出钱学森情绪低落，于是尽量以轻松的语气对钱学森等人说："啊，怎么啦！不要有任何压力呀，你们这些大学者和大专家，还不知道'失败乃成功之母'吗？"

钱学森当然懂得这个道理，科学研究的道路不可能一帆风顺。"东风二号"导弹的研制，紧跟在"东风一号"之后，当时苏联专家刚刚撤走，研制导弹的技术人员都憋着一口气，希望能早日将这颗"争气弹"搞出来。可大家热衷于自行设计，没有彻底消化、吸收刚刚学来的技术知识，在设计上做了改动，而且为了赶进度，应当做的地面试验也省略了。

这次试验失败的惨痛教训，使大家更加深刻地认识到，科学实验必须严谨求实、一丝不苟，来不得半点虚假和马虎，只有谨慎细致、不畏艰难、勇于攀登的人才能到达光辉的顶峰。

吃一堑，长一智。"导弹是不能带着疑点上天的"，这是钱学森从失败中总结出来的深刻教训，并成为中国日后火箭、导弹、卫星事业顺利发展的一个重要经验。

在归纳了大家的意见后，钱学森发现失败的原因是多方面的，但最主要的是没有处理好整体与局部的关系。为此，他要求研究人员用系统科学的方法加强统筹，修改设计方案，逐个系统、逐道工序地检查，全面彻底地解决由"东风二号"试验飞行失败暴露出来的各种问题。

后来接任中国载人航天工程总设计师的王永志回忆说："钱老当时给我们举了个例子，我印象深刻。他说有一个朋友问他，夏天房间里很热，把冰箱门打开，房间里会凉爽一些吗？他回答说，这是不可能的，打开冰箱门，冰箱门附近可能会有点凉意，但整个房间并不会凉爽下来。因为这样做的结果是增加了电能消耗，当电能转变为热能，电能消耗增加就意味着热能的增加，房间的温度不但不会降低，反而会升高。钱老是想用这个例子告诉我们，搞总体设计，理解和研究问题要从全局出发，从系统上来考虑这个事情，然后再做出相应的决策。"

1964年春，改进型"东风二号"导弹在新落成的全弹试车台上试车成功。

1964年6月29日7时,改进型"东风二号"导弹矗立在酒泉发射场的发射架上。这一次,钱学森到酒泉发射场亲自指挥。坐在他身边的是负责国防科技、装备与国防工业工作的张爱萍上将,聂荣臻元帅在北京总指挥部坐镇。钱学森打电话向聂荣臻元帅报告一切就绪,聂荣臻同意发射。于是,钱学森向现场指挥员下达了点火命令。

改进型"东风二号"导弹在7时05分发射,先是笔直地升上蓝天,然后按照预定轨道,飞向千里之外的新疆荒漠——命中目标,发射成功!改进型"东风二号"导弹终于发射成功了!

事后,聂荣臻感慨地说:"现在看得更清楚了,1962年10月没有成功确实不是坏事。这个插曲非常有意义。"

胜利的时候,人们没有忘记2年前的失败。很多技术人员也没有忘记,当他们因失败而情绪消沉的时候,钱学森鼓励他们的话:"如果说考虑不周的话,首先是我考虑不周,责任在我,不在你们。你们只管研究怎样改进结构和试验方法,大胆工作。"钱学森的话使他们卸下包袱,重新振作起来。两年来,钱学森与他们一起刻苦攻关,克服重重困难,才获得了最终的成功。

"东风二号"导弹研制成功,是一个非常了不起的成就,它标志着中国已经基本掌握研制导弹的复杂技术,揭开了中国导弹发展史上新的一页。而它曲折传奇的诞生经历,也让诸多航天科研技术人员积攒了宝贵的经验,令后来的科研工作更加细致周密,形成稳健扎实的风气,逐渐积淀为航天科研人秉持的精神与操守。

4. 为原子弹配"枪"

钱学森失踪了,蒋英一连三个多月没有见到他的人影,既担心又不免生气。她再也不顾什么风度、形象,气冲冲地跑去找钱学森的领导:"钱学森究竟去哪里了?他几个月都没音信,还要不要这个家了?"

自从钱学森投入导弹研制工作中,很多时候,他的行踪都需要保密,包括对自己的妻子和孩子。所以,他会时不时"失踪"一段时间,蒋英早已习惯了。但是这次连续"失踪"三个多月的情况是第一次出现,蒋英怎能不着急、不担心呢?

1964年10月16日,我国第一颗原子弹爆炸成功的消息震惊了全世界,也使全国人民为之振奋。不过,这颗原子弹是在102米高的铁塔顶部引爆的,外国媒体在震惊之余,嘲笑中国的原子弹是"无枪的子弹"——一颗安装在铁塔顶部的原子弹怎么去攻击敌人?

原子弹的威力加上导弹的助推才能产生核导弹对敌人

的巨大威慑力。钱学森对这一点心知肚明,早在我国第一颗原子弹爆炸成功之前,钱学森就以超前的眼光提出了"两弹"结合的设想,要给中国的原子弹配一支最先进的"枪"。

"两弹"结合而成的核导弹是当时世界国防科技中最尖端的课题,是比核航弹更先进的核武器。与核航弹相比,研制过程中要大幅度地减小体积和重量,因为核弹头所要经受的飞行环境条件极为复杂和苛刻,所以研制工作难度也更大。

钱学森的意见受到中央的高度重视。1964年9月1日,中共中央专委召开会议,讨论钱学森关于"两弹"结合的设想,决定由二机部与国防部五院共同组织"两弹"结合方案论证小组,负责研究和设计工作,钱学森为主要负责人,同时成立导弹工业部,也就是第七机械工业部(以下简称"七机部"),部长为王秉璋,副部长为钱学森、刘有光。

周恩来满怀信心地对钱学森说:"学森同志,'二七风暴'就从你这里开始吧。"随后又问,"有人说中国的'两弹'结合至少得用10年,因为美国和苏联都用了12年。我们到底需要多长时间?"

钱学森略一沉思后平静地说:"总理同志,我看3年差不多。"

参加会议的部长们听了都议论纷纷,周总理抬手示意大家安静下来,他说:"钱学森同志说3年差不多,我相信!我们要依靠科学家!"

钱学森就此挑起了重担,第二天便与方案论证小组开始工作。一个月后,他向聂荣臻元帅提交了一份方案,并得到聂荣臻的支持,"两弹"结合的研制工作开始了。

"两弹"结合不但困难大,而且风险也很大。身为总指挥,钱学森顶着巨大的压力担负起这项艰巨的任务。他知道,"东风二号"第一次发射失败,只是在地上砸出一个大坑,核导弹试验如果出现这种情况,后果将不堪设想,所以试验必须成功。

在钱学森的主持下,七机部发动科研、设计、生产部门的3000多名工人、科技人员以及领导干部,参加规划方案的大讨论。钱学森根据周恩来总理、聂荣臻元帅的指示,充分发扬民主作风,听取各方面的意见。经过将近一年的讨论,在充分保证民主的基础上,集中全体成员的智慧,提出了符合中国国情的"八年四弹"发展规划,确定从1965年到1972年循序渐进地稳步研制四种导弹:中近程导弹、中程导弹、中远程导弹和洲际导弹。

当时世界上只有美国和苏联两个国家拥有核导弹,美国走的是大推力发动机的路子,苏联走的则是捆绑的路子。中国导弹要走什么样的发展道路?对此也有很多意见与争论。钱学森在讨论中建议，要坚持从中国的国情出发，独立思考，走自己的路。

1965年3月，国防部五院制定了《地地导弹发展规划（1965—1972）》，规划要求在8年内研制成功"东风二号甲"中近程导弹、"东风三号"中程导弹、"东风四号"中远程导弹和"东风五号"洲际弹道导弹四种国防急需的导弹武器。3月22日，中共中央专委批准了这个规划。此后，地空导弹、海防导弹，以及固体发动机、固体导弹、反导系统和运载火箭等项目，在钱学森的参与组织与协调下相继上马。

经过全体科研人员的不懈努力和刻苦攻关，1965年5月，"两弹"结合获得地面效应试验的成功。钱学森的脸上终于绽放出欣慰的笑容，但是他仍然不敢放松，指挥科研人员继续进行冷试验的准备工作……他对每一个细节的要求都很严格，考虑到试验中可能出现的各种意外情况，他还设计出几套应急方案。

这次来基地，他连续工作了100多天，使得家人一度认为他失踪了……

1965年11月，由中国自行研制的"东风二号甲"导弹在大西北戈壁滩上发射成功，证明中国首次自行研发设计制造的"东风二号甲"导弹不仅技术性能良好，而且完全具备发射原子弹、氢弹及人造卫星的能力。

165

1966年9月，中国"两弹"结合发射试验进入倒计时阶段。

"两弹"结合需要承担巨大的风险。将原子弹装在导弹上进行实弹发射试验，国外已有先例，但都是往大洋里发射。而当时中国海军还不具备远航能力，所以核试验无法向大洋发射。而在本国国土上进行这种试验，还没有哪个国家尝试过，因为一旦发射失败或者导弹偏离轨道，后果不堪设想。周恩来总理非常关心安全问题，要求研制和试验单位做到导弹在飞行中不能掉下来，掉下来也不能发生核爆炸。这无疑是给钱学森下达了"只许成功不许失败"的命令。

在这种情况下，试验必须做好三种防范准备，来应对可能出现的三类问题：一是导弹在点火升空过程中失败怎么办？二是导弹没有进入预定轨道，中途落地爆炸怎么办？三是导弹到达核试验场但偏离靶心较远爆炸怎么办？

为了解决这几个关键的安全问题，钱学森花费了大量心血，先后两次飞往酒泉导弹发射基地，组织了两批多发改进型导弹的安全可靠性飞行试验。他在《工作手册》中以表格方式详细记录了"外协配套仪器存在的主要问题"，大到保管期不足与无保管期，小至电位器、晶体管、开关、插头、插座等细节，均认真对待，并指定具体负责人去落实解决。

第八章 "两弹"结合传佳音

1966年10月7日、13日、16日,科研团队先后进行了"安全自毁试验"、第一次"冷试"、第二次"冷试",在钱学森和科技人员的共同努力下,均获成功。

10月24日,在起程前往酒泉发射基地之前,钱学森随周恩来、聂荣臻来到中南海,向毛泽东主席汇报试验任务的准备情况。毛泽东听完汇报,欣然说道:"谁说我们中国人搞不成核武器,现在不是搞出来了吗?"接着,他又勉励钱学森说:"这次试验可能打胜仗,也可能打败仗。失败了,也不要紧。一定要认真充分地做准备,要从坏处着想,不要打无准备之仗。"

"两弹"结合的冷试验开始了!在冷试验中,钱学森两次来到现场,对每一个零件、每一个细节进行仔细检查。有一次,一个战士发现一个插头接点里有一根5毫米长的小白毛,他怕造成通电接触不良,就用镊子夹、细铁丝挑,但都没能取出。最后他用一根猪鬃,费了很大功夫,终于把它挑了出来。钱学森知道后,对这个战士的严谨行为给予肯定与表扬,他小心翼翼地将这根小白毛包好,打算带回北京去"教育"身边的科技人员。

经过周密、细致的准备,10月27日9时,随着"点火"口令的下达,在轰隆隆的巨响中,导弹像一条巨龙腾空而起,拖着浓烈的火焰和烟尘冲向蓝天……很快,好消息传来,弹头在无人区罗布泊上空爆炸,准确命中目标。

人们跳跃欢呼,紧紧拥抱,激动的泪水不住地流淌。

试验非常成功!国防科委将拟好的新闻稿呈送周总理审阅,周总理非常满意,亲笔在"命中目标"四个字前加了"精确"二字。随后,新华社向全世界播发了这一振奋人心的消息,举国欢腾,世界震惊。毛泽东自豪而风趣地说:"赫鲁晓夫不给我们这些尖端技术,极好,逼得我们自己干出来,我看要给赫鲁晓夫发一个一吨重的勋章!"

第九章　逆境之中铸利剑

科学家不要以为遇上失败是坏事情，科学家往往与千百次失败结为伴侣。不要以为鲜花、掌声、赞扬是科学家的生活，不要以为自己从事的研究总能被人理解。

1. 前进路上遇逆流

"东风二号甲"导弹和"两弹"结合的发射试验成功，为"八年四弹"发展规划打出了一个"开门红"。正当科研团队准备再接再厉、争取更大成功的时候，国家陷入"十年动乱"，"八年四弹"发展规划受到严重阻碍。

为了维持国家的正常运转，周恩来总理竭力保护科学家，于1966年8月30日列出一份保护名单，钱学森也在名单中。尽管如此，第五研究院的工作仍难以顺利展开。

"东风三号"中程导弹第一次发射试验就出现了问题。1967年1月，钱学森主持"东风三号"的第二次发射试验，但是这一次也不顺利——导弹飞到中途时推力下降，弹头落点偏差较大。2月7日，钱学森召集相关人员开会，分析故障发生的原因。他顶住压力，排除干扰，与工作人员一起分析、排除故障疑点。然而，5月19日第三次发射试验又因为设备发生故障而被中止。钱学森再次召开联席会议，分析故障原因，寻求解决办法。会后，他还亲自爬到发射塔上实地察看，检查后认为导弹可以照常发射。

在当时的政治形势下，这是一个很大胆的判断，极易惹祸上身。根据规定，导弹发射需要有3个人签名，一个是负责发射工作的作战试验部部长，一个是导弹研制部门的负责人，还有一个是基地司令员。可是，眼看发射在即，仍然没有一个人签字，钱学森反复跟他们陈明利害，但对方依旧拖沓推责。最后，钱学森愤然表示：你们不签，我签！这份发射报告呈送给在北京的聂荣臻元帅后，聂荣臻询问了原因，说："这是一个技术问题，既然技术上由钱学森负责，他说可以发射，我同意。"这份信任让钱学森感动不已。

1967年5月26日，一波三折的"东风三号"终于成功发射！

与"东风三号"同时上马的还有"东风四号"中远程导弹。根据"八年四弹"发展规划，"东风四号"本来是用作武器，但随着人造卫星工程的开展，"东风四号"便身兼两个任务，也就是既作为武器，又作为"长征一号"运载火箭的第一、二级，承担"东方红一号"人造地球卫星的发射任务。

1969年11月16日18时，中国第一枚中远程导弹"东风四号"点火升空。导弹飞行十几秒后，跟踪曲线出现异常；40分钟后，人们依然没有在着落区发现目标。那么，导弹究竟飞到哪里去了呢？飞机搜索了整整四天后，终于在离发射地点约680公里处找到了导弹的残骸。

其实，这次失败早有端倪。原来，在研制"东风四号"的过程中，为了减轻导弹的重量，控制系统的电器件采取小型化，许多电器件的质量不稳定，有些小型化后的电器件与老的插件不吻合、不配套。掌握了失败原因后，钱学森和手下的人员只得花费很大精力去抓原本不应由他们负责的工作。

1970年1月30日，经过艰苦的准备工作，"东风四号"终于成功发射，并顺利实现高空点火与两级分离。至此，第一颗人造卫星的运载火箭问题基本解决了。

因为受到"文革"干扰，本该在1972年就完成的"八年四弹"规划直到1980年才彻底完成。尽管在时间上有所延后，但这个具有远见卓识、战略前瞻性的正确规划实实在在地使中国成为继美国和苏联之后、世界上第三个进行洲际弹道导弹全程试验获得成功的国家，使中国国防实力得到实质性增强，为中国的长治久安、稳定发展奠定了坚实稳固的技术基础。

2. "东方红一号"上天

1970年4月24日,我国的人造卫星"东方红一号"发射成功,高亢的《东方红》乐曲响彻寰宇,令无数中国人激动落泪。

"东方红一号"的诞生是极其曲折的。

1957年10月4日,苏联成功将第一颗人造卫星用运载火箭送入轨道。这颗人造卫星的发射引起了全世界的关注,开创了人类进军地球外层空间的新时代。苏联卫星上天不久,毛泽东主席便赴莫斯科参加世界共产党首脑会议,他在莫斯科机场发表了热情洋溢的讲话:"苏联第一颗人造卫星上天,是一项伟大的成就,它标志着人类进一步征服大自然的新纪元的开始。我代表中国共产党和中国人民,向苏联和苏联人民表示热烈的祝贺。"1957年11月3日,苏联的第二颗卫星又升上天。当时毛泽东恰好也在莫斯科,他对赫鲁晓夫说:"好,你们又有一颗卫星上了天,真了不起!……这个意义很大,说明了社会主义制度的优越性。"

1958年1月,美国继苏联之后也成功发射了第一颗人造卫星。

1958年5月5日,中共八大二次会议召开。5月17日,毛泽东在会上表示:"我们也要搞一点人造卫星。"这立即引起钱学森的强烈共鸣,之后钱学森和赵九章、郭永怀等人一起积极推动了人造卫星的研制计划。

但是,鉴于当时中国的实际情况,人造卫星的研究一直没有列入国家计划。直到1964年,"东风二号"导弹试验成功以后,钱学森感到发射人造卫星已经有了比较可靠的基础,于是在1965年1月8日正式向中央建议早日制定我国人造卫星的研究计划并将其列入国家计划。聂荣臻很重视钱学森的建议,立即指示:"只要力量上有可能,就要积极去搞。"

不久,聂荣臻和张爱萍、罗瑞卿、张劲夫等领导特地邀请钱学森、赵九章、郭永怀、陆元九等专家,在国务院办公室召开专门会议,研究中国卫星如何起步的问题。

会后,钱学森主持拟订人造卫星发展规划设想草案,结合其他专家的意见,提出了"三步走"的计划:第一步,发射探空火箭;第二步,发射重达120千克的人造地球卫星;第三步,再发射几吨重的科学探测卫星。

中央很快批准了研制我国第一颗人造卫星的规划方案,并明确由中国科学院负责人造地球卫星的总体设计和技术问题,国防科学技术委员会负责组织协调。根据这个规划,中国科学院将人造卫星的研究列为全院的头等重要任务。由于研制人造卫星的建议是钱学森在1965年1月提出的,因此被定为"651工程"。

但卫星工程刚上马没多久,"文化大革命"就开始了,中国科学院受到极大冲击。周恩来总理当机立断,在1966年底决定将卫星研制任务改由国防科学技术委员会全面负责。这样一来,本来只负责卫星和地面跟踪测量系统、运载火箭的钱学森,还要负责地面发射设备,即担负星、箭、系三大方面总体的技术协调和组织实施工作。

从某种意义上说,第一颗人造卫星是一颗"政治卫星",要求"一次成功",不仅要成功地把卫星送上天,还要让卫星运行轨道尽量覆盖全球。周恩来总理也多次指示,要认真仔细地工作,以做到万无一失。钱学森多次听取汇报,不厌其烦地将每次汇报中反映的问题都详细记录下来,并一一解决。

为了确保卫星播送的《东方红》乐曲悦耳、准确、可靠,钱学森多次听取卫星总体负责人的汇报,审查设计方案,检查设备质量。

1969年9月,经过研制部门和各协作单位的共同努力,"东方红一号"卫星完成了全部环境模拟试验,卫星上的各系统工作正常,《东方红》乐曲的质量也非常好。钱学森对卫星发射充满了信心。

1970年4月下旬，在周恩来的直接关怀下，钱学森、李福泽、任新民、戚发轫等专家在酒泉卫星发射基地进行了艰苦细致的测试检查工作。全部准备工作结束后，钱学森和酒泉卫星发射基地领导郑重地在发射任务书上签了字，并确定这次发射在4月24日21时30分左右进行。

　　临近发射的时候，地面的一部跟踪雷达出现了不稳定状态，连续波测量也不太同步。钱学森来到发生故障的机房，镇定地安抚工作人员："不要紧张，这就好像临阵打仗一样，一慌就容易出错，当前最需要的是头脑镇静。"他的话使在场人员的情绪迅速稳定下来，很快查明原因，排除了故障。

　　令人振奋的时刻终于到来了！1970年4月24日21时35分，"长征一号"火箭托举着"东方红一号"卫星腾空而起，18秒钟后，火箭开始转向，瞬间就消失在茫茫夜空中。21时45分，从数千里之外的观测站传来报告："星箭分离……卫星入轨！"发射场瞬间沸腾起来。

　　5分钟后，又传来一个激动人心的消息，中央广播事业局（今国家广播电视总局）打来电话："我们已经接收到卫星上播放的《东方红》乐曲，声音清晰洪亮！"这时，钱学森再也抑制不住内心的激动，两行热泪夺眶而出。

这颗人造卫星的重量,超过了苏、美、法、日第一颗人造卫星重量的总和,贯彻并实现了毛泽东主席"要抛就抛大的"的指示。中国从此成为世界上第三个独立研制并成功发射人造卫星的国家。

3. 逆境中负重前行

1970年6月,钱学森被任命为中国人民解放军国防科学技术委员会副主任。在国防科委的领导岗位上,钱学森的工作更加繁重了,这一时期,返回式卫星是他主抓的一项重点工程。

所谓返回式卫星,是指卫星在空间完成预定任务后,根据地面指令,在预定的时间、预定的地点返回地面。在那时,让卫星上天已经很不容易了,再让卫星返回地面,可以说是难上加难。当时全世界只有苏联和美国能够做到这一点,而美国在经历了12次失败后才在海上成功回收卫星。所以,这是一项综合的、高难度的尖端技术。

1965年4月我国把研制返回式卫星列入航天技术10年奋斗目标。次年1月,在七机部副部长钱学森的领导下,科研人员开始进行返回式卫星总体方案的论证工作。经过反复严密细致的研究论证,第一颗返回式卫星研制正式列入国家计划。

　　返回式卫星是低轨道重型卫星，需要有新型的运载火箭将它送入太空。根据钱学森的设想，以远程导弹为原型来研制发射返回式卫星的运载火箭，这就是"长征二号"运载火箭，用它将重达 1800 千克的卫星送入数百千米高的椭圆形轨道。同时，经过反复研讨和比较，钱学森决定采用计算机制导方式来控制运载火箭的飞行，这样既可提高我国运载火箭和导弹的制导技术水平，又可为未来航天技术的持续发展奠定良好的基础。

　　1972 年 9 月初，两枚远程运载火箭终于开始在北京运载火箭总装厂进行组装，并计划在 9 月底完成测试。钱学森将这一情况向周总理做了报告。想到科研人员不仅要攻克技术上的种种难关，还要克服多方面的人为干扰，现在终于有了重大进展，周总理十分高兴。为了鼓励科研人员再接再厉，也为了让关心这一重大工程的中央领导同志了解返回式卫星的研制情况，周总理安排朱德、董必武、叶剑英、徐向前等领导人前去视察。

　　对于这次视察，周总理做了细致周到的安排，把到车间视察的人数、日期，甚至从几点开始，到几点结束，都交代得清清楚楚。他还提出几点要求：不搞群众欢迎场面，以免影响生产；不事先发预告，以免干扰生产；不要鼓掌，以保持生产环境宁静；不许照相、拍电影电视，不搞糖果招待；不搞欢送。

1972年9月12日上午，钱学森提前来到运载火箭总装厂。下午4时整，朱德、董必武、叶剑英、徐向前、李富春等人乘车来到宽敞明亮的厂房。只见一枚颀长硕大的火箭横卧在轨道上，赫然夺目。在总装线上，巨大的火箭发动机已经被搬上支架，各种仪器正在接受检验，等待安装的各种部件摆放得井然有序，技术人员和工人有条不紊地工作着。朱德、董必武等人兴致勃勃地在运载火箭总装厂的车间里参观了一遍又一遍，还提出许多问题。钱学森亲自做讲解，从运载火箭的性能讲到未来航天技术的发展，在场的领导同志听得津津有味。

9月13日下午，周总理也来到了运载火箭总装厂。在视察过程中，他叮嘱钱学森：要按照客观规律办事，坚持严谨的科学态度；要加强管理，遵守各种必要的规章制度；要仔细地做工作，切实保证产品质量。离开前，周总理又对参与这项工程的全体人员发表了讲话。他首先赞扬航天系全体员工为研制国防尖端武器所做的贡献，然后讲了国际形势，最后鼓励大家："我们要团结起来，反对派性，把精力全都集中到科研生产上，争取试验成功，争取这两枚运载火箭比上次打得更好，为党为国争光。"

在科研人员不懈努力下，我国第一颗返回式卫星发射前的准备工作终于完成了。

1974年11月5日，在酒泉卫星发射中心，"长征二号"运载火箭高高矗立在发射架上，准备进行发射。控制中心一片寂静，随着"牵动"的口令下达，所有人的心都提到了嗓子眼。这时，卫星控制台操作员发现卫星上的大部分仪器断电，当发射指挥员接到报告时，离点火时间还差13秒。在这千钧一发之际，指挥员果断下达了"停止发射"的命令。

断电后，指挥组立即组织排查故障。通过科研人员仔细检查发现，卫星地面综合控制台的电源容量较小，脱落插头长线电缆电压下降过大，造成卫星上电压不够而使一些仪器断电。找到原因后，科研人员迅速更改了卫星脱落插头供电方式，再次启动后，卫星工作正常。

当天17时40分，指挥组再次组织发射。不幸的是，运载火箭起飞6秒后，出现越来越大的俯仰摆动，造成姿态失稳。20.3秒时，安全自毁系统爆炸器起爆，火箭自毁，试验失败了！

钱学森立即和基地一名副司令员驱车赶到爆炸现场，只见残骸还在冒烟，火箭和卫星已被炸得粉碎。大家心里很不是滋味，许多科研人员忍不住哭了起来。

钱学森马上组织科研人员查找事故原因，原来是火箭控制系统俯仰速率陀螺通道的一根导线有暗伤，在火箭起飞后受到振动造成短路，导致火箭失稳。

第九章 逆境之中铸利剑

1975年11月26日，改进后的"长征二号"运载火箭和返回式卫星再次准备在酒泉卫星发射中心发射。发射场微风轻拂，高耸入云的火箭在阳光的照射下格外耀眼。钱学森亲临现场与科研人员一道做最后的发射准备工作。当天11时30分，随着"发射"口令下达，"长征二号"运载火箭成功点火升空，各岗传报数据正常，数十秒后火箭成功进入预定轨道，控制中心响起了雷鸣般的掌声和欢呼声。

但此时，钱学森心里明白，卫星上天并不代表成功，三天后卫星返回才是这次卫星发射圆满成功的重要标志。任何一个环节出现失误，都有可能导致卫星回收失败。就在卫星升空的当天，钱学森马不停蹄地赶往陕西渭南的卫星测控中心。

卫星测控中心的气氛异常紧张，中心负责人刚刚获得的遥测数据表明，卫星上气压突然下降，处于不正常的危险状态。钱学森听到报告不由得心里一沉：气压下降过快，就意味着气源瓶里的气源消耗过快，如果这样下去，卫星预定的三天飞行就难以保证。唯一的办法是提前回收卫星。但是，卫星刚发射上去就回收，无法完成预定的空中拍摄计划，这次返回式卫星发射任务就不能说取得了圆满成功。

钱学森思索了一会儿，然后向有关人员交代，让轨道组再仔细计算一遍，照当下的情况来运行卫星能坚持多久。

但是，当卫星运行到第十圈时，星上的气压曲线几乎不动了。这又是怎么回事？钱学森再次组织专家进行讨论研究。这时，空间自动控制专家杨嘉墀提出一个看法，他认为卫星上气压下降是由地面和空间温差较大、冷热悬殊造成的，卫星运行一段时间后就会稳定下来，所以按计划三天后回收卫星没有问题。

大家把目光都转向钱学森，等着他拍板。此刻所有压力全部集中在他的身上，只见他沉着地说："向中央报告，卫星按计划返回。"

1975年11月29日，我国第一颗返回式卫星经过上天、入轨、飞行后成功返回地面。回收现场的人员欢呼跳跃、相互拥抱、喜极而泣，这一切来得太不容易了，他们多年艰苦卓绝的努力，终于实现了中国航天史上的重大突破。

第十章　永垂不朽的科学丰碑

我本人只是沧海一粟，渺小得很。真正伟大的是中国人民，是中国共产党，是中华人民共和国！

1. 甘居二线

1980年12月，即将年满70岁的钱学森向国防科学技术委员会提交了一份报告，请求组织同意他第二年退休，把岗位让给"在导弹、卫星科学技术方面年富力强的科技干部"。他在报告中还直接推荐了可以接替他的人选，并真诚地表示，即使不再担任领导职务，他仍将一如既往地为国防科研事业而努力工作，为整个国家的科技事业发挥自己的作用。

不久，钱学森从"两弹一星"的一线卸任。此时他本该享受天伦之乐、颐养天年，但他仍然沿着创新之路继续前进，由此进入他人生中科学创造的第三个高峰期。据钱学森晚年的秘书涂元季回忆，进入20世纪80年代以后，钱学森辞去国防科委一线领导职务后，"他的科学思想更加活跃，驰骋在整个自然科学领域，并对社会科学也产生了极大兴趣，深入学习和研究了马克思主义哲学"，"在自然科学与社会科学的结合点上，做出许多开创性的贡献"。

1962年，钱学森对《工程控制论》加以修订和补充，逐字逐句进行了审查和修改。在他的授意与指导下，他的学生、航天工业部科技委员会副主任、中国自动化学会理事长宋健组织一批青年科技工作者完成了修订本的初稿。该书出版时，钱学森坚持只署宋健的名字，他说："你们做了大量的工作，而我没做什么，要打破中国传统的讲资历、讲等级的陈规陋习啊。"但宋健仍然坚持署老师钱学森的名字，最后，出版社署上了钱学森、宋健两人的名字。对此，钱学森在序言中特意说明，强调宋健是新版的创造者。当有关部门要对《工程控制论》一书进行颁奖时，钱学森也回避辞谢了。

钱学森甘居二线，大力提携年轻科技人才的事例还有很多。王寿云曾是钱学森的秘书，1960年毕业于北京大学数学系。在他担任钱学森秘书的第一天，钱学森交给他一道数学题。王寿云解完题后，钱学森看了解题的过程，笑着说："计算结果是对的，但解题方法比较笨。"他表面上批评，其实内心已经认可了组织上为他精心挑选的这位秘书。而王寿云也没有让钱学森失望，工作能力十分突出，在钱学森身边工作多年后，他成为颇有成就的科学家。

1984年1月，在钱学森的鼓励和帮助下，王寿云出版了著作《现代作战模拟》。早在1981年，钱学森就鼓励王寿云运用系统工程的理论,编写一部研究作战模拟问题的专著。之后,钱学森多次与王寿云进行相关讨论,给了他很大启发。钱学森甚至把自己研究作战模拟问题的观点和成果交予王寿云,让他写进书中。对此,王寿云感慨地说:"书中有关军事系统工程、作战过程的四种定量描述途径、作战模拟技术与军事艺术的结合等,实际上都是钱老的思想。"钱学森就是这样,对于后辈总是将自己的知识倾囊相授。

退居二线后,钱学森有了更多的时间进行学术研究,对系统工程和系统科学的研究又更进了一步。他喜欢用系统科学的方法去解读社会和自然科学领域形形色色的问题,并在不同的领域推出新的理论。比如在农业方面,他提出现代农业也是一种系统工程,并主动与山西省的基层研究人员张沁文合作,为中国科协和中央电视台联合举办的讲座撰写《农业系统工程》的讲稿。在写给张沁文的信中,他肯定了讲稿的论点与质量,并提出一些修改意见。至于署名方式,钱学森表示:"我坚持署名是你(张沁文)在先,我在后。说明问题是你最先提出的,而我只是后来同意了而已。文稿是你写的,我对稿子只作了删节,并未添加意见。"对于钱学森的博大胸怀和高尚情操,张沁文十分敬仰,并充满了感激。

不久,张沁文应邀到天津讲学,经过北京时,他专程去拜访钱学森,钱学森将自己多年搜集的关于农业系统工程的资料以及43套农业科学书籍送给他,希望他潜心探索,写出《农业系统工程》和《农业学》两部专著。正如《山西日报》的记者所写:"这实际上是一位科学前辈和一个后来者举行的交接仪式。"

对于一位基层的科技工作者,钱学森德高望重却如此谦恭,细致入微地与后辈交流经验并大力提携,正体现出一代大师高尚无私的精神风范。

2. "当一名科学家足矣"

1985年,美国总统科学顾问基沃思访华时明确表示,美国政府准备授予钱学森美国科学和工程领域的最高荣誉,即美国国家科学奖,以表彰他在美国学习工作20年对科学技术进步做出的卓越贡献。钱学森知道后果断表示:"我不稀罕那些外国的荣誉头衔。如果中国人民说我钱学森为国家、为民族做了点事,那就是最高的奖赏。"

确实,钱学森对头衔、官位并不热衷,这从他多年前主动要求降职就可以窥见一斑。晚年他也依然如此。

1985年,中国科协第二届五次全国委员会在北京召开。会上,因为科协主席周培源年事已高,委员们一致推选钱学森担任第三届中国科协主席。钱学森对科技工作充满激情,对中国科协有很深的感情,但他却婉言谢绝了众人的美意，认为自己也已年过七旬，比自己年轻、有作为的科学家很多，他们完全可以担任此职。

然而，与会代表仍然认为由钱学森担任新一届科协主席最为合适。会议闭幕时，大会主席团特意安排由钱学森致闭幕词，这实际上是预示钱学森将担任第三届中国科协主席的一种安排。

钱学森接受了主席团的安排，但是要求在闭幕词最后加一段话，让他说明不能担任第三届中国科协主席的理由。他和主席团商量，如果同意加上这段话，他就致闭幕词，如果不同意加，那就请别人致闭幕词。

谈话似乎陷入了僵局，最后主席团表示，闭幕词内容不变，但钱学森可以在致闭幕词后讲一讲他想说的话。钱学森同意了。

可是，在闭幕会上，钱学森说完闭幕词，刚说："我要补充一点，说明我本人不适合担任下届科协主席……"下面的话还没说出口，会场上便响起一阵掌声。他想再张口讲话，又是一阵热烈的掌声。会场上的"倒彩"使他难以讲下去。这时，有人站起来大声说："钱老，个人问题您就别在会上讲了。"随后会场上又是一阵掌声，周培源主席则趁势宣布会议结束。

会后，多位领导人相继"开导"钱学森，其中还有钱学森一直非常崇敬的小学时代的老师邓颖超。在这种情况下，钱学森无法拒绝，只得接受了这一职务。但到1991年中国科协领导机构换届时,钱学森拒绝连任,并向中央推荐了比他年轻的朱光亚担任第四届中国科协主席。

钱学森总是说:"我只当一名科学家足矣……我愿意在有生之年将时间花在科学研究上面。"1988年和1992年,钱学森先后两次给时任中国科学院院长的周光召写信,请求免去他学部委员(后改称院士)的称号。他在1992年的那封信中写道:"近得1992年第六次学部委员大会通过并经国务院同意的《中国科学院学部委员章程(试行)》,看到其中第24条说学部委员可以申请辞去学部委员称号。您是知道的,我前几年即有此意……特申请辞去我的学部委员称号。"

周光召收到信后,便和主席团执行主席严济慈一起去找钱学森谈话。周光召说:"钱老,学部委员不是官位,是众人推选的,不是我任命的。我无权批准您的请辞报告。"严济慈说:"我们主席团讨论了,大家都不同意您的请辞报告。"钱学森只好作罢。

据钱学森的秘书涂元季大致统计,仅在10卷本的《钱学森书信集》中,顾问、名誉会长、学术指导委员会委员、战略科学家等头衔,钱学森通过书信就辞掉30多个,而且个个都"严词拒绝,要求公开更正",态度极其坚决,没有半点商量的余地。他在退回聘书的时候,生怕别人退回,常常把聘书中的"钱学森"三个字用红笔画个大大的叉号。

1998年，中国科学院和中国工程院对院士制度加以改革，80岁以上的院士改为"资深院士"，不再参加院士的日常活动。钱学森非常赞成这一举措。当有人再称他为"院士"时，他就会认真地纠正说："我已经不是院士了，而是资深院士。"这就是钱学森对"院士"这一荣誉称号的态度。他的言行，正是我国知识分子淡泊名利、忠于祖国的优良品质的深刻体现。

一个人的境界越高，就越淡泊名利。人淡如菊，是一种境界，更是一种修养和品德，是人生最高的道德标准。钱学森的高尚品格赢得了世人的尊重。

3. "我的荣誉属于人民"

钱学森一直珍藏着一幅《咏竹》条幅，上面写着："未出土时先有节，待到凌云更虚心。"这是1989年他获得"小罗克韦尔奖章"后一个朋友送给他的。钱学森十分欣赏这两句话，并将其作为自己的人生信条。对此，那位朋友真诚地说："我送给您的不是座右铭，而是钱老您一生的写照！"

纵观钱学森的一生，他正像竹子一样，坚贞、刚毅、自强不息，而且朴实无华，淡泊名利，虚怀若谷。

1989年，在美国纽约召开的国际技术交流大会上，为了表彰钱学森对中国航天技术、火箭导弹技术以及系统工程理论所做出的重大贡献，国际理工研究所决定授予钱学森"小罗克韦尔奖章"以及"世界级科技与工程名人""国际理工研究所名誉成员"称号。不过，钱学森并未到场参加授奖仪式，而是由中国驻美大使韩叙代表他领回奖章和证书。

"小罗克韦尔奖章"是国际理工研究所于1982年设立的最高奖项，是当代理工界的最高荣誉，每年至多授予3位在国际理工界享有极高声望的科学家。截至1989年，共有16位世界级科学家获得"小罗克韦尔奖章"，钱学森是唯一一位中国科学家。

"今天给我的奖，说是第一个中国人获得这个奖。我说，要紧的是'中国人'三个字，这个'中国人'应当包括中国成千上万为此做出贡献的人。"钱学森语重心长地说。这不是他的客套谦语，而是他的切身感受。他一直强调，国防科技事业，特别是"两弹一星"工程，不是个人的力量所能成就的，而是依靠党和国家的力量，依靠千百万人的集体力量。

1991年10月16日，为表彰钱学森全心全意为人民服务、为中国科技事业的发展所做出的卓越贡献，国务院、中央军委联合授予他"国家杰出贡献科学家"称号与"一级英雄模范奖章"。这是中华人民共和国成立以来，第一次由国务院、中央军委向一位科学家授予国家级最高荣誉。

江泽民在讲话中，代表党中央、国务院、中央军委向钱学森表示祝贺。聂荣臻、李鹏等领导人在贺信中祝贺钱学森获得崇高的荣誉，赞扬他高尚的情操和严谨的科学态度，表彰他的民族气节以及为人类科技事业做出的突出贡献。

时任国防科学技术工业委员会主任丁衡高在颁奖仪式上介绍了钱学森为发展中国科学技术，尤其是火箭、导弹、航天事业做出的创造性贡献，以及钱学森热情培养和帮助中青年科技人才、处处严格要求自己等方面的许多动人事迹。

钱学森也发表了讲话，他深情回忆起当年在周恩来总理、聂荣臻元帅等老一辈革命家的领导下，广大科技人员为发展中国国防科研事业而热火朝天地奋斗的生活。他说，这些成就的获得，离不开党的正确领导、集体的智慧，"我本人只是沧海之一粟，渺小得很。真正伟大的是中国人民，是中国共产党，是中华人民共和国。"

出人意料的是，钱学森接着又说："在今天这么一个隆重的场合，说老实话，我承认我并不很激动。"在众人诧异的目光中，他接着说："因为我这辈子已经有了三次非常激动的时刻。

"第一次是在1955年，我被允许可以回国了。当我和蒋英带着孩子去向我的导师告别时，我手里拿着一本在美国刚刚出版的我写的《工程控制论》，还有一本我讲物理力学的讲义，我把这两本东西送到冯·卡门老师手里，他翻了翻，颇感慨地跟我说，你现在在学术上已经超过了我。我钱学森在学术上超过了这么一位世界闻名的大权威，为中国人争了气，我激动极了。这是我有生以来第一次这么激动。

"在新中国成立10周年的时候，我被接纳为中国共产党的党员。这个时候，我心情是非常激动的，我钱学森是一名中国共产党的党员了！我简直激动得睡不着觉。这是第二次心情激动。

"第三次心情激动，就在今年。今年我看了王任重同志写的《史来贺传》的序，在这个序里，他说中共中央组织部把雷锋、焦裕禄、王进喜、史来贺和钱学森这5个人作为新中国成立40多年来在群众中享有崇高威望的共产党员的优秀代表……我看见这句话，心里激动极了。我现在是劳动人民的一分子了，而且与劳动人民中最先进的人连在一起了。"

"有了这三次激动，我今天倒不怎么激动了！"钱学森发自内心地说。

这番即席讲话，赢得在场所有人的热烈掌声。它展现了一个共产党人淡泊名利、无私奉献的宽广胸怀，更彰显了一位杰出科学家对个人与党、个人与国家、个人与群众关系的科学态度。

作为中国航天事业的开拓者和奠基人，对于别人给自己冠以"导弹之父""航天之父"的名号，钱学森一贯持反对态度。他说："说这种话的人都不了解我们的导弹是怎么搞成功、卫星是怎样飞上天的。这不是一个人的功劳，而是一项成千上万人的事业。"提及个人，钱学森只说："我只是恰逢其时，做了我该做的工作。"

2007年12月，钱学森迎来了96岁的生日。在他生日前夕，科技日报社为他提前祝寿，举行了"学习钱学森创新思想，培养科技领军人才"研讨会。当秘书涂元季向钱学森汇报这件事时，素来低调的钱学森说："向我学习，我不敢当，但培养科技领军人才是一件关系国家长远的大事，希望会议开得成功。"

钱学森最常挂在嘴边的一句话就是"我不敢当"。作为著名的科学家，钱学森对中国导弹、航天事业做出的贡献是无与伦比的，但他并不认为自己的成就有多么大。面对别人的赞扬，他总是以"我不敢当"来回应。这种"我不敢当"的谦虚表现，不是表面客套，而是他发自内心的姿态，更是一种气度与精神境界。

纵观历史，伟大的人物往往是谦虚的。只有谦虚，才能永不满足，不断进取，最终成就伟大。钱学森是伟大的，他的伟大之处在于保持平常心，视自己为普通人，居功不傲。他虚怀若谷，贡献越大，就越谦虚谨慎。这一行事风格，继承了中华民族传统文化的精髓，值得我们当代人景仰学习。

4. 科学开发"不毛之地"

在进行"两弹一星"试验时，钱学森经常去西北地区出差，对那里的自然条件、生态环境、经济发展和人民生活的状况非常了解，那时的西部地区自然环境恶劣，社会贫穷落后，人民生活十分艰苦。退居二线后，钱学森还时常挂念在那片土地上生活的人们，思考着怎样用科学的方法改善那里人们的生存状况。

20世纪80年代，钱学森提出了发展沙产业的建议："我国沙漠和戈壁有16亿亩左右，和农田面积相当。沙漠、戈壁并不是一片荒凉，而是有不少其他地方没有见过的动植物。""沙漠和戈壁的潜力远远没有发挥出来。""沙产业就是在'不毛之地'搞农业生产，而且是大农业生产。这可以成为又一项'尖端技术'！"

如何合理开发沙生动植物资源，利用新的科学技术经营管理沙漠、戈壁，让生物利用太阳能为人类创造财富，成为此后几十年钱学森思考的一个重要课题。

1984年5月，钱学森应中国农业科学院之邀作了一次学术演讲，第一次提出第六次产业革命的理念与沙业的构想。在他的构想中，草业和农业、沙业、林业、海业共同构成第六次产业革命的重要内容。他说："用100年的时间完成这个革命,现在只是开始,沙漠地区可以创造高达千亿元的产值。"现场气氛激越热烈,大家被他提出的构想深深吸引,对机遇与挑战并存的沙产业的未来充满憧憬。

1984年7月,钱学森在《农业现代化研究》双月刊上发表了长篇理论文章《创建农业型的知识密集产业——农业、林业、草业、海业和沙业》,文章一开头就写道:"党的十一届三中全会以来,由于政策对头,解放了中国农村中长期受压制的生产力,我国农业大发展,形势日新月异,新生事物层出不穷,从而启示了全国人民,大家都受到了鼓舞。我国科学技术工作者也因此受到教育,进而研究发展农业的新概念、新途径,提出农、工、商综合的所谓'十字型'农业或'飞鸟型'农业,也就是变单一种植业的农业为综合生产的产业体系。"在这篇文章中,钱学森以一位科学家的严谨,更以一名共产党员对祖国和人民的热爱,描绘了一幅气势磅礴的建设现代化林业、草业和沙业的宏伟蓝图。

作为一位具有远见卓识的科学家,钱学森曾经预测:"我们将要迎接信息产业革命!"信息产业革命后,又会有怎样的未来?对此,他预测:代替信息产业革命的第六次产业革命,将带来以生物技术为核心的知识产业发展。

1984年,钱学森应《内蒙古日报》副刊编辑郝诚之的邀约,写了一篇专论——《草原、草业和新技术革命》,文中提到,从1947年到1983年,内蒙古13亿亩草场的产值仅是农田产值的零头,而草原面积却是农田面积的18倍之多。在钱学森看来,"草业的产值完全可以大大超出农业的产值。一旦内蒙古带好这个头,全国的草原利用好了,草业兴旺发达起来,对国家的贡献不会小于农业!这对国家是件大事,因为它将大大增加肉食的供应,改变我国人民的食品构成。"至于怎样利用现代科学技术发展草业,钱学森提出完整的链条,先是精心种植优质、高营养的牧草,然后集中生产饲料、饲养畜牧。他说:"我们要下功夫研究的是饲料加工,是在牲畜饲养集中点如何处理牲畜的粪便,这关系到整个草业的经济效益。"他举例说:"我们应该把粪便当作资源,当作送到家门口的资源,通过生物技术、综合加工,取得有价值的产品。例如,种蘑菇、养蚯蚓、沼气发酵、残渣养鱼,等等。最后废渣、废液又要返回草原,作为肥料。这里生产的蘑菇和鱼本身已是成品,而蚯蚓可送到饲料加工厂,作为蛋白质添加剂,至于沼气,那是燃料,除了做饭外,还可以用来开汽车、拖拉机、发电。"

总之,钱学森强调要把现代科学技术,包括生物技术、信息技术都用在林业、草业和沙业上,形成生产、加工和销售一条龙,并注意综合利用。他相信按照这样的思路发展,西部地区不仅能摆脱贫困,而且将在21世纪迈向富裕强盛的康庄大道。他在多场报告会上宣讲了自己的观点。他提出的沙产业健康发展的标准是"太阳能的转化效益,知识的密集程度,是否与市场接轨,是否保护环境,是否可持续发展"。

为了更好地发展草业、沙业,钱学森还倡议召开全国性的研讨会,与多方进行谈话、商谈,积极宣传他的林业、草业、沙业构想,指导有关部门和地区进行这三大新产业的实践。从1983年到2003年,20年间,钱学森给中央有关领导、国务院有关部委、科学研究人员及部分地区政府先后写了400多封有关这方面内容的信件。他在给中国科协原书记处书记刘恕的信中指出,让沙漠为我们服务,是社会主义建设的一件大事;搞沙业比治沙、防沙要难得多;治沙工作是一项社会主义地理建设,我们要抓住时机,再努一把力,这也是百年大计。字里行间,尽显其赤子情怀。

在钱学森的努力下,我国的草业、沙业、林业开始起步,并取得一定的成就。比如,内蒙古地区充分利用沙区日照长、温差大等有利条件,大搞知识密集型的现代化沙草业,实现了沙草业的可持续发展。据统计,2008年内蒙古全区沙草业总产值超过了3000亿元。

搞沙业是治理土地荒漠化的根本措施。对此,钱学森不但身体力行,创立和推动中国的沙业,并于1994年用自己获得的何梁何利基金优秀奖100万港元,设立了沙产业奖学金。这是他第一次同意以个人的名义设立奖学金,其中饱含着他对沙产业人才的渴望和期待。

2005年4月12日,钱学森沙产业奖学金在北京宣布设立。从 2005 年起，许多在甘肃、内蒙古、宁夏等地农业院校攻读沙产业专业的学生，在该奖学金的资助下完成学业。钱学森率先在甘肃、内蒙古、宁夏三所农业院校设奖，目的在于为沙漠化地区培养一支不离不弃的专家队伍，早日实现新技术革命的构想，为西北地区的人民造福。

5. 力荐创新型人才

钱学森不仅是一位伟大的科学家，还是一位具有敏锐眼光的伯乐。他善于发现人才，敢于任用年轻人才，为国家举荐了不少栋梁之材，比如在研制导弹时举荐了任新民，在研制人造卫星时大胆起用孙家栋，在载人航天工程中又举荐了王永志。

1992 年 9 月 21 日，我国载人航天工程启动，这项工程被称为"921 工程"。"921 工程"庞大而艰难，让谁来挂帅呢？当有关领导征求钱学森的意见时，钱学森毫不犹豫地推荐了王永志。

提起王永志，我们不能不重提中国第一枚自主设计的导弹"东风二号"。

诞生于特殊时期的"东风二号"导弹是中近程导弹，在研制、发射的过程中多次出现故障，其中一次发生在即将发射时。由于天气暴热，火箭推进剂在高温下发生汽化和膨胀,燃料贮箱内不能灌进发射所需的燃料。这严重影响导弹的射程,使弹头无法飞抵预定弹着区,也就是说这枚"东风二号"导弹无法打到预定的目标。怎么办呢?要加大火箭的推力,就得增加火箭推进剂,但是燃料贮箱体积有限,无法容纳那么多火箭推进剂。

指挥部为此召开紧急会议,研究对策。各路专家集中在一起讨论补救方案,他们提出一个个方案,又一个个否定,众人一筹莫展!指挥部又召开扩大会议,听取各方意见。当时三十出头的年轻军官王永志也被"扩大"进会议。

王永志于1952年考入清华大学航空系飞机设计专业,1955年前往莫斯科航空学院留学,起初攻读飞机设计,后来改学导弹设计专业,1961年从该学院毕业。

在这次会议上,王永志发现专家们提出的都是如何增加火箭推进剂的方案。增加推进剂,就必须扩大燃料贮箱,这显然是不可能的,因为一旦改变燃料贮箱体积,导弹就得重新设计。是否另有其他解决途径呢?他想着想着,脑子里突然冒出一个大胆的想法,智慧的火花使他眼前一亮。他赶紧拿起笔仔细计算,得出一个出乎意料的结果,那就是减少600公斤的酒精,这枚导弹就能打到预定的目标。这是一个大胆的"逆向思维"。

但王永志提出这个方案后,众人一致反对。火箭不能命中目标明明是推进剂不够,怎么还能再减少推进剂呢?

第十章 永垂不朽的科学丰碑

没有人理会他这个与众不同的建议。

当时王永志还是一个年轻的技术人员,在他上面还有好几层上级。方案被否定后,他甚为不服,坚信自己的思路是正确的,计算结果也是可靠的。他决定直接去找最高技术决策人钱学森。

越级找领导是需要勇气的。也许是初生牛犊不怕虎,也许是极度自信,也许是二者兼有,王永志鼓起勇气敲开了钱学森办公室的门。钱学森仔细倾听了这个小伙子的意见,认为"有道理",随即把火箭的总设计师请来,指着王永志对总设计师说:"这个年轻人的意见对,就按他的办!"

事实证明,"东风二号"导弹在卸下600公斤燃料之后,果真提高了射程,命中了目标。

这件事使钱学森对王永志印象深刻,他非常赞赏王永志的"逆向思维",意识到这个小伙子才智超群。此后,王永志在航天领域展现出卓越的才华,1986年12月15日被国务院任命为中国运载火箭技术研究院院长。在王永志的领导下,中国的火箭技术又翻开了新的篇章。

1992年,载人航天立项上马时,钱学森又一次推荐王永志担当重任。事实证明,钱学森没有看错人,王永志在担任载人航天工程总设计师的13年里,领导中国载人航天事业取得了一个又一个伟大胜利。钱学森后来也说:"我推荐王永志担任载人航天工程总设计师没错,此人年轻时就初露锋芒,他大胆的逆向思维,和别人不一样。"

创新是钱学森一直提倡的选用人才的标准,他说:"现在要求培养一批科技帅才,即一批工程师加科学家加思想家的人才。""当帅才的,在领导实现一个明确的目标时,应该从基础应用到工程实践都能够考虑到。"故而,在他领导科研人才研制导弹、人造卫星时,每一种创新的观点和设想都能得到钱学森的鼓励,每一个敢于创新的人才都能得到钱学森的赏识与重用,任新民是这样,孙家栋是这样,王永志也是这样。据王永志回忆:"钱老经常说:'如果不创新,我们将成为无能之辈!我们要敢干!'钱老强调的创新,在很大程度上就是要'敢于研究别人没有研究过的科学前沿问题'。"

1999年,我国第一艘无人飞船发射成功之后,作为总设计师的王永志去看望已经88岁高龄的钱学森,并送给他一个"神舟"飞船模型。钱学森爱不释手,后来还让人把这个飞船模型放在床的正对面一个随时都能看到的地方。

钱学森曾说,每一代航天人都讲"传帮带",航天"老人"对"新人"的提携、培养是中国航天事业持续兴旺、不断发展的重要保证。

6. 姓钱却不爱钱

2001年,钱学森获得了"钱学森星"证书;这一年,他还获得了第二届"霍英东杰出奖"。当时他已经九十高龄,行动不便,所以由妻子蒋英代他去领奖。蒋英临走前,打趣道:"我代表你去领奖金了!"他幽默地回应:"你去领吧,你要钱,我要奖(蒋)!"这句话逗乐了在场的所有人,更道出了他的金钱观。

"我姓钱,但我不爱钱!"钱学森一生都对金钱看得非常淡。

当年他放弃在美国的优裕条件,坚决回到各方面都很落后的中国,就是为了与祖国人民同呼吸共命运,用自己的知识和智慧建设新中国,使国家强大、人民幸福。回国后,他们一家人完全依靠工资生活,那时工资水平低,一级教授一个月领300多元,而且是几十年一贯制。

除了工资,钱学森还有一些稿费收入。1958年,他在美国出版的《工程控制论》一书被翻译成中文,由科学出版社出版。这本书还获得了自然科学一等奖。钱学森将这本书的稿酬加奖金,一共1.15万元,捐给了中国科技大学近代力学系的贫寒学生,用来购买计算尺等学习用具。

1962年前后,钱学森所著的《物理力学讲义》和《星际航行概论》出版，收到稿酬数千元。当时尚处于三年困难时期，人人吃不饱肚子。钱学森一家和全国人民一样，也是勒紧腰带过日子。可是，这么一大笔钱并没有让钱学森动心，他一拿到稿费，就马上交给了党小组的组长，当作党费。

在住房方面，钱学森几十年都住在破旧的楼房里，有关部门曾专门为他修盖了一座小楼，但他一直没有搬进去。50多年里，这位中国科学院自然科学一等奖和国家科技进步特等奖获得者、两院院士、一级英模、第三届中国科协主席和第六届全国政协副主席、中国人民解放军总装备部科技委高级顾问，一直住在原航天部一个普通的家属宿舍里。

"文化大革命"结束后，政府开始落实各方面的政策。钱学森的父亲钱均夫在新中国成立后被安排在国务院文史委员会工作，于1969年去世。因为"文化大革命"的冲击，钱均夫从1966年起就没有收到过工资，到1978年落实政策时，文史委员会给钱均夫补发了3000多元工资。这时钱均夫已经去世，钱学森作为他的独生子，自然有权继承这笔钱。但钱学森认为，父亲已经去世多年，这笔钱不能要，他将钱退给国务院文史委员会，但对方却拒收。此番情景之下，钱学森只能将其作为党费交给组织。

钱学森晚年也获得过较大数目的科学奖金，对此，他仍然选择将钱捐出去。比如，1994年他获得何梁何利基金优秀奖 100 万港元，他写信委托秘书代他将支票转交给西部促进沙产业发展奖励基金会；2001 年蒋英代他领回的霍英东杰出奖奖金 100 万港元，他照样全部捐了出去。即使在平时，他与别人联合署名发表文章时，也总是将稿费让给别人。

"我姓钱，但不爱钱"，这是钱学森对待金钱最直白的态度。钱学森的心里、脑子里装的全是国家的航天科技事业，金钱利益、物质享受虽然诱人，但这些身外之物与他无缘。

"利在一身勿谋也，利在天下者必谋之"，钱学森用自己的一生践行着钱氏家族的家训，不愧为一位胸怀宽广、兼济天下、为世人景仰的科学家。

7. 活到老，学到老

钱学森从小就对中国的优秀传统文化有着浓厚的兴趣，这与他父亲钱均夫的影响是分不开的。晚年，他不止一次向社会呼吁，要正确对待中国的历史文化。

1987 年 3 月 19 日，中国科协代表团在团长钱学森的率领下，参加了在英国伦敦举行的英国皇家奖学金开幕式。3 月 22 日，钱学森应邀为在英国的部分中国留学生作了一次精彩的演讲。他一开口就说："同学们，我先给大家背诵孙髯撰写的云南昆明大观楼著名的长联……"接着，他解释说："上联是说昆明湖的风景和周围山水的秀美，下联是说作者这个知识分子纵观中国近两千年的历史，没有看到什么出路，他头发都白了，也没有看到希望。"

孙髯是谁？这副长联到底写了什么？孙髯是清朝著名学者，他为昆明大观楼所作的楹联，被称为天下第一长联，至今仍为文人墨客津津乐道。长联的内容如下：

五百里滇池，奔来眼底。披襟岸帻，喜茫茫空阔无边！看东骧神骏，西翥灵仪，北走蜿蜒，南翔缟素。高人韵士，何妨选胜登临。趁蟹屿螺洲，梳裹就风鬟雾鬓；更苹天苇地，点缀些翠羽丹霞。莫辜负四围香稻，万顷晴沙，九夏芙蓉，三春杨柳。

数千年往事，注到心头。把酒凌虚，叹滚滚英雄谁在？想汉习楼船，唐标铁柱，宋挥玉斧，元跨革囊。伟烈丰功，费尽移山心力。尽珠帘画栋，卷不及暮雨朝云；便断碣残碑，都付与苍烟落照。只赢得几杵疏钟，半江渔火，两行秋雁，一枕清霜。

钱学森这样解释："这副长联很形象地描述了清朝知识分子的心情。他们看到的只是帝王将相上台下台这一套，而人民的苦难照旧，中国有什么出路呀！这是中国几千年历史的总结。"

在这次演讲中，钱学森一共述及两个主题。第一，回顾中国的近代史。他说："从明末到1921年中国共产党成立时，就是300多年了。中国用了300多年，才从我前面提到的那副长联所描述的没有一点出路、没有一点希望的悲观状态中走出来，终于找到了自己的出路。"第二，鼓舞留学生，使他们坚信中国的发展前途光明。他说："到下个世纪（21世纪），科学技术将是主宰社会发展的一个最核心的力量。所谓智力战，就是你要比别人聪明，或者说你改造客观世界的能力要比另外一个国家强。你比别人弱，那你就完蛋。中国人是很聪明的，真正是拼命干的。这一点诸位别泄气，咱们是行的，咱们要有这个志气。"一字一句中都可看到钱学森对国家的发展始终充满了信心。

访问英国后，钱学森一行人又访问了德国。驻德国大使郭丰民请他向使馆人员和留德学生发表讲话，他很爽快地答应下来，并以"正确对待祖国历史文化传统，认真学习马克思主义哲学"为题谈了自己的一些看法。针对国内一些青年人看待现实生活的片面性，以及把改革开放与坚持四项基本原则对立起来的情况，钱学森明确指出："这是一种机械唯物论的思想方法。我们应该是辩证唯物主义者，应该用马克思主义的哲学指导一切思维方式。那么，什么是马克思主义哲学呢？什么是辩证唯物主义呢？我认为，马克思主义哲学、辩证唯物主义是人类一切知识的最高概括。近代科学的一个特点是把事物一段段分开来研究。

如果搞不清楚，就再分细一点。这么一层层分下去，研究得很仔细。从近代科学发展到现代科学，就是这样一个过程。牛顿的力学是考虑整个太阳系、地球的宏观现象，后来觉得还要进一步研究，就细一点到了分子。分子还不行，再细一点，到了原子，以后到了原子的结构，原子核、电子云。原子核是怎么一回事？进一步研究到了中子、质子。还不行，继续分下去，现在又到了基本粒子。就是这么没完没了地层层解剖下去。"

钱学森精辟的见解，深得驻德使馆人员和留学生的赞扬。科学家对待理性思维的态度是怀疑、批判的。这种怀疑和批判正是人类认识发展的内在动力，推动着认识的不断发展。

钱学森的一生，是追求科学真理、极具创造力的一生。为了研究学术问题，钱学森收藏并参阅过的学术期刊、书籍有上万册，剪报近2万件，就学术问题与他人通信1万多封。到了晚年，他依然十分关注并广泛汲取现代科学技术各领域的知识。

他订阅了很多报刊，如《人民日报》《光明日报》《解放军报》《科技日报》《北京日报》。他还有剪报的习惯，每次看到报纸杂志上有用的文章，他都会亲自动手剪下来。日子一长，仅剪报资料就挤满了家中的五个大书柜。

服务员知道他的阅读习惯，每天收到《人民日报》《经济日报》《光明日报》《科技日报》《解放军报》《北京

第十章 永垂不朽的科学丰碑

日报》《参考消息》《经济参考报》等报纸后，总是按以上顺序排列，再送给钱学森。钱学森逐一看完后，仍按原顺序放好，并将自己认为有参考价值的文章剪下来，加以保存。

有一次，钱学森的秘书涂元季告诉他，某一期《参考消息》有一篇文章介绍他的母校美国加州理工学院。钱学森马上纠正说，不是一期，是连载两期。可见钱学森看报之仔细。

除了看报以外，钱学森还阅读各种杂志，既有专业方面的《力学学报》《中国航天》等杂志，也有自然科学杂志《科学通报》《物理学报》，还有社会科学杂志《新建设》《语文建设》《中国图书评论》等。从1958年中共中央理论刊物《红旗》杂志创刊，到后来改名为《求是》，他每期必读。

钱学森严谨的治学作风，也体现在剪报上。他很注意保存自己在报刊上发表的文章，以便后来查阅。1994年7月5日，在致王寿云等人的信中，钱学森亲笔写了一份《钱学森论文艺与文艺理论著述目录》，里面列出自己的21篇文章目录，这个目录非常精确规范，不仅按文章发表的时间顺序排列，而且注明了篇名、报刊名和发表时间；如果是报纸，还注明第几版；如果是期刊，则写明第几期、第几页。

虽年过九旬，但钱学森依然坚持每天看报，然而毕竟年事已高、精力有限，难以亲自剪报，只能请身边的服务员代劳，但服务员要么贴歪，要么日期、报刊名写不完整，他对此很不满意。后来，他的儿子钱永刚自告奋勇，承担了剪报工作。钱永刚贴的剪报和钱学森一样整洁规范，钱学森终于满意了。

近百岁高龄时，钱学森虽然行动不便，但仍然关心国家大事，关注科学的发展。他坚持每天看报学习，不过因为视力不济，只能看看大标题。如果他对哪篇文章感兴趣，便请服务员读给他听。

人们常说"活到老，学到老"，钱学森用自己的实际行动诠释了这一境界。

8. 著名的"钱学森之问"

作为一名伟大的科学家，钱学森晚年仍然在思考中华民族发展的长远问题，其中他思考得最多的就是科技创新人才的培养问题。

2005年3月，钱学森因病住进了解放军总医院。住院期间，他仍然保持着每天看报的习惯。有一次，《参考消息》连续两天介绍了美国加州理工学院的情况。这是钱学森的母校，文章勾起了他对往事的回忆：这所世界顶级的大学有非常民主而又活跃的学术氛围，鼓励创新，倡导科学与艺术的结合，培养了许多大师级的科学人才。

回过头来再看看中国的大学，钱学森忧虑不已，于是就有了3月29日与秘书涂元季的长谈。在谈话中，钱学森明确提出"要向加州理工学院学习，学习它的科学创新精神"。他说："我回国这么多年，感到中国还没有一所这样的学校，都是些一般的，别人说过的才说，没有说过的就不敢说，这样是培养不出顶尖帅才的。""我们不能人云亦云，这不是科学精神，科学精神最重要的就是创新。""没有创新，死记硬背，考试成绩再好也不是优秀学生。"这些话一针见血地指出了我国现代教育的顽疾。

2005年7月，温家宝总理到医院看望钱学森。在谈到我国科技领域发展的现状以及美好未来时，钱学森说："我要补充一个教育问题，培养具有创新能力的人才问题。一个有科学创新能力的人，不但要有科学知识，还要有文化艺术修养。没有这些是不行的。小时候，我父亲就是这样对我进行教育和培养的，他让我学理科，同时又送我去学绘画和音乐，就是把科学和艺术结合起来。我觉得艺术上的修养对我后来的科学工作很重要，它开拓科学创新思维。现在我要宣传这个观点。"

这番话充分证明94岁高龄的钱学森，终生对祖国怀着一颗赤诚的心。即使躺在病榻上，他仍然关心中国的教育事业，他说："现在中国没有完全发展起来，一个重要原因是没有一所大学能够按照培养科学发展、技术发明创造人才的模式去办学,没有自己独特的创新的东西。这是很大的问题。"接着,钱学森问道:"为什么我们的学校总是培养不出杰出的人才?"这个问题甫一提出,就成为著名的"钱学森之问"。

两年后,即 2007 年 8 月 3 日,温家宝总理再次探望钱学森,这一次,钱学森又提到了优秀人才的培养问题。温总理说:"钱老,您讲的话我都记住了。我每到一个学校,总会告诉那里的老师、学生,搞科学的要学点文学艺术,对启发思路有好处。学校也在朝着这个方向努力。"钱学森听了,心里像放下一块石头那样轻松,之后他对温总理说:"处理好科学和艺术的关系,就能够创新,中国人就一定能赛过外国人。"取得了辉煌成就和无数荣誉的钱学森,一直深爱着自己的祖国,牵挂国家后继人才培养的问题,直到暮年仍尽力发挥余热,希望早日实现祖国的繁荣富强。

2009 年是新中国成立 60 周年,9 月 10 日,温家宝总理冒着细雨,登门看望了钱学森,向他致以亲切的问候和良好的祝愿:"钱老,您把一生都献给了国家的国防和科技事业,祖国和人民永远都会记住您的贡献。"钱学森回答:"按照毛主席、周总理的教导,我做了一些事情。现在老了,不能做更多的事情了……中国要大发展,就要培养杰出人才。""中国要走在世界前列。"

这次谈话是钱学森生前的最后一次公开谈话。2009 年

第十章　永垂不朽的科学丰碑

10月31日8时6分,一代科学巨星在北京逝世,走完了他波澜壮阔、伟大辉煌的一生,享年98岁。钱学森为中国火箭、导弹和航天事业做出的杰出贡献,将永远为世人铭记!他的故事和精神,也不会随着他的离去而淡出人们的记忆!

附录 钱学森大事年表

1911年12月11日，出生于上海，祖籍浙江省杭州市。

1914年，随父母迁至北京。

1917年9月，进入京师女子师范学堂附属小学。

1921年9月，进入北京高等师范学校附属小学（今北京第一实验小学）。

1923年9月，考入北京师范大学附属中学。

1929年，考入上海交通大学机械工程系。

1934年，毕业于上海交通大学，并考取清华大学第七届庚款留美资格。

1935年9月，进入美国麻省理工学院航空系学习。

1936年9月，获麻省理工学院航空工程硕士学位。同年秋，转入加州理工学院航空系学习，成为世界航空理论权威冯·卡门的学生。同年，参加马林纳领导的火箭研究小组。

1938年,与导师冯·卡门合作进行"可压缩流体边界层"的研究,给出马赫数计算公式。同年,他们提出"高超声流程理论",成为世界上最早提出这一概念的先行者。

1939年夏,顺利通过博士论文答辩,获加州理工学院航空、数学博士学位,并提出了以他和导师冯·卡门的名字命名的"卡门－钱公式"。

1941年8月,在火箭研究小组试射火箭成功。

1943年,任加州理工学院助理教授。与马林纳合作完成《远程火箭的评论与初步分析》报告,奠定该领域理论基础。

1945年,被美国军方授予上校军衔,加入以冯·卡门为首的科学顾问团前往德国考察。被加州理工学院聘为副教授。为美国空军主持编写专著《喷气推进》,在美国《航空科学》杂志上发表论文《核能燃料用于飞机推进发动机之可能性》。

1946年,离开加州理工学院,到麻省理工学院任副教授。

1947年2月,被麻省理工学院聘为终身教授。夏季回国探亲,9月与蒋英结婚。

1949年9月,和冯·卡门一起回到加州理工学院,出任加州理工学院喷气推进中心主任和航空系教授。

1950年8月,准备回国,被美国政府以莫须有的罪名扣留，长达5年之久。

1953年年底，在加州理工学院开设新课程——工程控制论。

1954年，著作《工程控制论》在美国出版。

1955年，在中国政府的帮助下回国，受到热烈欢迎。

1956年1月5日，任中国科学院力学研究所所长。2月17日，提出《建立我国国防航空工业的意见书》，国务院、中央军委据此成立了导弹、航空科学研究的领导机构——航空工业委员会，并任命他为委员。10月8日，受命组建中国第一个火箭、导弹研究机构——国防部第五研究院，并担任首任院长。

1957年，中国力学学会成立，任第一任理事长。9月3日，作为中国政府工业代表团成员，赴苏联谈判。11月16日，兼任国防部第五研究院一分院院长。同年，著作《工程控制论》获中国科学院自然科学奖一等奖，并被补选为中国科学院学部委员。

1959年，任中国科学技术大学近代力学系主任，成为中国科学技术大学的创始人之一。加入中国共产党。

1960年，任国防部第五研究院副院长，并不再兼任该院一分院院长。2月，指导设计的我国第一枚液体探空火箭发射成功。11月5日，在酒泉发射场成功组织了我国制造的第一枚近程导弹"东风一号"的飞行试验。

1961年，当选为中国自动化学会第一届理事会理事长。《物理力学讲义》出版。

1965年，任第七机械工业部副部长。5月，"两弹"结合获得地面效应试验的成功。11月，"东风二号甲"导弹在大西北戈壁滩上发射试验成功。

1966年10月27日，在酒泉发射场直接领导了用中近程导弹运载原子弹的"两弹"结合飞行试验，获得圆满成功。

1967年5月26日，"东风三号"导弹历尽曲折，终于成功发射。

1970年1月30日，"东风四号"成功发射，并顺利实现高空点火与两级分离，至此，第一颗人造卫星的运载火箭问题基本解决。4月24日，"东方红一号"人造卫星发射成功。6月，任国防科学技术委员会副主任。

1975年11月29日，我国第一颗返回式卫星成功返回地面，实现了中国航天史上的伟大跨越。

1979年，在中美正式建交之际，获美国加州理工学院"杰出校友奖"。

1980年，当选为中国科学技术协会第一届全国委员会副主席。中国第一颗洲际导弹发射成功。

1982年，出版《论系统工程》，增订版于1988年出版。

1984年，在中国科学院第五次学部委员大会上，被增选为中国科学院主席团执行主席。

1985年，因对中国战略导弹技术的贡献，获全国科技进步特等奖。当选为第三届中国科协主席。

1988年，兼任政协第七届全国委员会科学技术委员会主任。

1989年，在国际技术与技术交流大会上获得由国际理工研究所授予的"小罗克韦尔奖章"和"世界级科技与工程名人""国际理工研究所名誉成员"称号。

1991年10月16日，被国务院、中央军委授予"国家杰出贡献科学家"称号和"一级英雄模范奖章"。

1994年，被选聘为中国工程院院士。出版《论地理科学》《城市学与山水城市》。

1995年，获何梁何利基金颁发的首届"何梁何利基金优秀奖"，并以此设立沙产业奖学金。

1998年，被聘为解放军总装备部科学技术委员会高级顾问。被授予"中国科学院资深院士""中国工程院资深院士"称号。

1999年，获中共中央、国务院、中央军委颁发的"两弹一星"功勋奖章。

2001年，获第二届"霍英东杰出奖"。当选中国宇航学会名誉理事长。

2008年，当选"2007年度感动中国人物"。

2009年，获得"终身成就最高荣誉大奖"。10月31日8时6分，在北京逝世，享年98岁。

后 记

关于竺可桢、华罗庚、苏步青、童第周等科学家，相信很多人在中小学课本里对他们的事迹就有些了解。他们爱国敬业、勇于探索、自力更生、发奋图强的精神和淡泊名利、甘为人梯的高尚人格，一直令我深受鼓舞，这种情怀也伴随着我成长。参加工作后，编撰一套科学家榜样丛书，让他们的精神广为传承与发扬，让不同年龄层的读者通过阅读他们的事迹得到精神方面的滋养，也成为我的一个心愿。

在一次选题论证会上，大家畅所欲言、各抒己见，我也说出了多年来深藏心底的想法，结果得到同事们的极大认可，并且都跃跃欲试，想要参与其中，这让我心里有说不出的高兴与感动。很快，我将本套丛书的策划案以电子邮件的形式发给华中科技大学出版社大众分社的亢博剑社长,几天后收到亢博剑社长的回复。他在邮件中明确表示,总社、分社一致通过了本套丛书选题,希望尽快组织编写,争取早日付梓。在此,谨向华中科技大学出版社总编姜新祺、大众分社社长亢博剑及所有参与审校的编辑老师表示深切的感谢!

  选题确定后,公司马上成立了编写团队,一方面联系科学家的家人、好友及同事进行采访,一方面到各省市的纪念馆搜集一手资料,然后进行整理、归档、撰写。为了保证史料的严谨性,我们查阅了大量资料;为了更好地诠释老一辈科学家的科学精神和家国情怀,我们对书中的文字反复进行修改润色。经过将近一年的努力,初稿完成,并特邀海军大校、《海军杂志》原主编、海潮出版社原社长刘永兵编审审校。本套丛书还有幸得到了中国工程院原党组成员、秘书长兼机关党委书记,曾任钱三强院士专职秘书多年的葛能全先生审订。初次拜见葛老时,我们介绍了出版这套丛书的初衷及编写过程,葛老赞许道:"你们还坚持这份初心,不容易!我对这套丛书的10位科学家颇为了解,他们也是我的青年导师。"葛老当场提出无偿帮助我们审订这套丛书。从2019年5月初至2019年10月底,葛老不畏暑天炎热,对10本书稿进行了逐字逐句的审校,并提出许多宝贵的修改建议。

  在本丛书的编写过程中,李建臣先生于百忙之中也给予了许多宝贵的指导和建议,并在团队多次真挚的邀请下,

后 记

同意担任本套丛书的主编。

在此谨向葛能全先生、李建臣先生、刘永兵先生致以诚挚的感谢和崇高的敬意!

由于编者水平有限,加上本丛书涉及人物众多,难免有不准确、不妥当之处,尚祈广大读者批评指正。